新时代律所和律师党建工作

廖泽方 编著

中国法制出版社
CHINA LEGAL PUBLISHING HOUSE

自 序

赣州位于江西南部，俗称赣南，是一片充满红色记忆的土地。早在大革命时期，在中共赣州支部和中共赣州特别支部的领导下，赣州就开展了轰轰烈烈的工农革命运动。1929年1月，毛泽东、朱德等率红四军主力由井冈山向赣南进军，相继开辟了赣南、闽西革命根据地，后来这两块根据地连成一片，形成了以瑞金为中心的中央革命根据地（中央苏区）。这里是中华苏维埃共和国临时中央政府所在地，是共和国的摇篮。赣南红色资源非常丰富，革命故事感人至深。赣南人民为中国革命胜利，为新中国的成立作出了重大贡献和牺牲，形成了永远热爱党、永远跟党走的光荣传统，铸就了以“坚定信念、求真务实、一心为民、清正廉洁、艰苦奋斗、争创一流、无私奉献”为主要内涵的伟大苏区精神，这是苏区革命斗争留下的宝贵的精神财富。

我出生并成长于这片红色土地，在沙洲坝红井旁宣誓加入少先队，从小打上了红色烙印，吸吮着红色营养，传承着红色基因。自1994年4月创办江西南芳律师事务所以来，我持之以恒抓党建，以南芳律师事务所“一亩三分地”为试验田，探索了一条新时代中国特色社会主义律师党建工作的南芳路径，当选为党的十八大代表，受到中共中央表彰，被中组部授予全国优秀党务工作者称号。南芳律师事务所被中组部授予全国创先争优先进基层党组织，被誉为全国律师行业党建工作的一面旗帜。

为更好地鞭策自己，激励南芳，不忘初心，牢记使命，为新时代律所和律师行业党的建设探索尽一份力量，我以南芳党建实践为基础，学习吸收其他律师事务所党建工作的营养，参考借鉴专家学者的著述，编写了本书，从一些方面填补了律所和律师党建读物的空白，也是对南芳律师事务所党建工作的一个阶段性实践与理论总结！

以此为序。

廖泽方

2024年3月

前　言

律师队伍是中国特色社会主义法治建设的重要力量，律所和律师的党建工作尤为重要。立足于此，本书尝试探讨和研究新时代律所和律师党建工作的理论与实践，主要包括以下内容：

第一编“社会组织党的建设进入新时代”，阐述了坚持和加强党对社会组织全面领导的重要性，着重分析新时代社会组织党建工作的新形势、新任务，以及在依法治国和全面从严治党的背景下，加强社会组织党建工作对于促进社会组织依法自治、实现政府治理与社会自治良性互动的重要意义，并探讨了社会组织党组织的功能定位及作用。

第二编“全面加强律师行业党的建设”，聚焦党中央对推进律师行业党建工作的新指示、司法部对律师行业发展的新要求，分析律师行业抓好党建工作的重要性、必要性，提出“党建+”是律所发展的核心竞争力，抓党建就是抓生产力。

第三编“新时代律所抓党建促发展的具体实践”，着眼于实际，探讨新时代律所如何通过党建工作推动自身发展，并主要以江西南芳律师事务所的党建工作实践为例，从加强律所党组织自身建设、以党建推动律所融合发展、以党建推动履行社会责任和服务大局等方面，阐述律所党建工作的具体做法和取得的成效。同时，还对中小律师事务所的党建工作进行了探讨，提出提升党建工作水平、推动党支部建设规范化的具体建议。

本书兼具理论性和实践性，以期为新时代律所和律师党建工作的发展提供理论支持和实践借鉴。

目　录

第一编

社会组织党的建设进入新时代

党的十八大以来，以习近平同志为核心的党中央时刻保持解决大党独有难题的清醒和坚定，把全面从严治党作为党的建设的鲜明主题，坚持全面从严治党永远在路上，坚持党的自我革命永远在路上，对新时代党的建设新的伟大工程作出全面部署，提出了一系列新要求。我们必须毫不动摇坚持党的全面领导，贯彻落实好新时代党的组织路线，不断提升社会组织党建工作水平。

第一章

坚持党对一切工作的领导

治国必先治党，党兴才能国强。党的二十大报告指出：全面建设社会主义现代化国家、全面推进中华民族伟大复兴，关键在党。我们党作为世界上最大的马克思主义执政党，要始终赢得人民拥护、巩固长期执政地位，必须时刻保持解决大党独有难题的清醒和坚定。全党必须牢记，全面从严治党永远在路上，党的自我革命永远在路上。我们要落实新时代党的建设总要求，健全全面从严治党体系，全面推进党的自我净化、自我完善、自我革新、自我提高，使我们党坚守初心使命，始终成为中国特色社会主义事业的坚强领导核心。

第一节　毫不动摇坚持和加强党对一切工作的领导

党的二十大报告强调：全党必须牢记，坚持党的全面领导是坚持和发展中国特色社会主义的必由之路，中国特色社会主义是实现中华民族伟大复兴的必由之路，团结奋斗是中国人民创造历史伟业的必由之路，贯彻新发展理念是新时代我国发展壮大的必由之路，全面从严治党是党永葆生机活力、走好新的赶考之路的必由之路。这是我们在长期实践中得出的至关紧要的规律性认识，必须倍加珍惜、始终坚持，咬定青山不放松，引领和保障中国特色社会主义巍巍巨轮乘风破浪、行稳致远。

一、“党领导一切”的历史脉络

1942年9月1日，中共中央政治局通过《中共中央关于统一抗日根据地党的领导及调整各组织间关系的决定》，其明确指出：“党是无产阶级的先锋队和无产阶级组织的最高形式，他应该领导一切其他组织，如军队、政府与民众团体。”[①]当时，通过党对其他一切组织的领导，增强了党在面临困难局面时的团结，保证了党的各项方针政策能够贯彻执行到各根据地的工作中去，巩固和建设了敌后抗日根据地。

新中国成立伊始，各级政府系统内设立党委会和党组，保障了党的意志及各项政策在国家机构中的贯彻执行。这是“党领导一切”在全国范围内走向制度化的重要举措。1953年3月，中央把政府工作分为工交、财贸、文教、政法四个口，由同级党委的常委分口负责，并在各级党委下设立相关的工作部门与国家行政机关的业务部门相对应，逐步探索“归口管理”制度。同年11月，《中共中央关于加强干部管理工作的决定》要求，逐步建立在中央及各级党委统一领导下，在中央及各级党委的组织部统一管理下的分部分级管理干部的制度。[②]1954年9月，第一届全国人民代表大会第一次会议在北京召开。会上通过了新中国的第一部宪法，规定“中华人民共和国是工人阶级领导的、以工农联盟为基础的人民民主国家”。在此基础上，“党领导一切”原则通过党的各级组织对同级政府、权力机关、司法机关的全面领导而得以实行。

改革开放后，我们走上了更加注重依靠制度完善、更加注重法治建设来加强党的领导的新路子。同时，反复强调以坚持党的领导为核心的四项基本原则是各项政策的基础。如果削弱或动摇了这个基础，就会从根本上动摇和

---

① 《中共中央关于统一抗日根据地党的领导及调整各组织间关系的决定》，载中共中央文献研究室、中央档案馆编：《建党以来重要文献选编》（第十九册），中央文献出版社2011年版，第423页。

② 《中共中央关于加强干部管理工作的决定》，载中共中央文献研究室编：《建国以来重要文献选编》（第四册），中央文献出版社2011年版，第493页。

危害我们党必须坚持的正确方向。党的十八大后，党中央提出要“坚持和加强党的领导”，党的十九大报告强调要“坚持党对一切工作的领导”，明确提出“党政军民学，东西南北中，党是领导一切的”，这是党在对历史实践正确分析的基础上所做出的科学总结。①

二、深刻认识“党是领导一切的”时代要义

没有中国共产党，就没有新中国，就没有中华民族伟大复兴。大量历史表明，一个政党的领导权决定着一个民族、一个国家、一个社会的发展道路，是关乎人民幸福、社会稳定、文化繁荣的重大问题。百年来，中国革命、建设与改革中取得的一切成就，都离不开党的领导。“党是领导一切的”贯穿于新时代党和国家事业的发展全程。

“党是领导一切的”，不仅包括横向上党对各方面各领域的领导，还包括纵向上党的领导是全过程的。一方面，从领域上讲，无论哪个领域、哪方面工作，都要自觉接受党的领导，党的领导“必须体现到经济建设、政治建设、文化建设、社会建设、生态文明建设和国防军队、祖国统一、外交工作、党的建设等各方面”。另一方面，党的领导在时间维度上是持续性的，贯彻在治国理政活动的全过程之中，“哪个环节缺失了弱化了，都会削弱党的力量，损害党和国家事业”。总之，办好中国的事情，关键在党，新时代必须进一步把“党是领导一切的”落到实处。

第一，坚持“党是领导一切的”，必须坚定拥护“两个确立”、坚决做到“两个维护”。站在新的历史方位，要在全党范围内树立坚决维护党中央权威、保证全党令行禁止的良好风气，必须坚持“党是领导一切的”原则不动摇。党

① 戴立兴：《科学理解“党是领导一切的”观点的理论内涵与具体实践》，载光明网：https://m.gmw.cn/baijia/2022-08/17/35959516.html，最后访问时间2024年2月28日。

确立习近平同志党中央的核心、全党的核心地位，确立习近平新时代中国特色社会主义思想的指导地位，反映了全党全军全国各族人民共同心愿，对新时代党和国家事业发展、对推进中华民族伟大复兴历史进程具有决定性意义。

第二，坚持“党是领导一切的”，必须始终坚持党总揽全局、协调各方的领导核心地位。坚持“总揽不包揽”，集中主要精力抓住全局性、战略性、前瞻性的重大问题；坚持“协调不取代”，使各方都能各司其职，各尽其责，相互配合，形成合力。这是加强和改善党的领导的重要内容。

第三，坚持“党是领导一切的”，必须坚持全面依法治国。通过法定的程序，把党的路线、方针、政策转化为国家法律，进而上升为国家意志。要善于运用法治思维和法治方式推进工作，坚持依法治国、依法执政、依法行政共同推进，全面深化行政执法体制改革，推进严格规范公正文明执法，加大关系群众切身利益的重点领域执法力度。

第四，坚持“党是领导一切的”，必须完善党的领导方式。新时代，必须注重完善党的领导工作方式，要充分调动社会各界力量，形成各尽所能、服务国家经济社会发展的强大合力。①

第二节 准确把握增强党组织政治功能和组织功能的内涵要求

党的二十大报告对“增强党组织政治功能和组织功能”作出新的全面部署，明确指出：“严密的组织体系是党的优势所在、力量所在。各级党组织要履行党章赋予的各项职责，把党的路线方针政策和党中央决策部署贯彻落实

① 戴立兴：《科学理解“党是领导一切的”观点的理论内涵与具体实践》，载光明网：https://m.gmw.cn/baijia/2022-08/17/35959516.html，最后访问时间2024年2月28日。

好，把各领域广大群众组织凝聚好。”政治属性是党组织的根本属性，政治功能是党组织的基本功能；组织功能服务于政治功能，是发挥党组织政治功能的基础和保证。两者相辅相成、内在统一，只有“两个功能”都增强，党的政治优势、组织优势才能充分发挥。我们要牢牢把握增强“两个功能”的内涵要求。[①]

一、突出加强党的全面领导、坚决做到“两个维护”

习近平总书记指出：“加强党的组织建设，根本目的是坚持和加强党的全面领导，为推进中国特色社会主义事业提供坚强保证。”[②]党的领导既宏观又具体，必须依靠千千万万个党组织发挥作用，将“党政军民学，东西南北中，党是领导一切的”要求落实到位，确保全党团结成“一块坚硬的钢铁”。坚持党的全面领导，最根本的是坚持党中央权威和集中统一领导。党章规定，全党各个组织和全体党员服从党的全国代表大会和中央委员会，指出增强党组织的政治功能和组织功能。因此，必须坚定拥护“两个确立”、坚决做到“两个维护”，在政治立场、政治方向、政治原则、政治道路上同以习近平同志为核心的党中央保持高度一致。

二、突出坚持组织路线服务政治路线的基本定位

党的政治路线是党的政治主张的集中体现，党的组织路线由政治路线决定，是实现党的政治路线的重要保证。我们党一路走来，始终坚持组织

① 张庆伟：《增强党组织政治功能和组织功能》，载《党的二十大报告辅导读本》，人民出版社2022年版，第574、576页。

② 习近平：《贯彻落实新时代党的组织路线 不断把党建设得更加坚强有力》，载《求是》2020年第15期。

路线服务政治路线，组织工作服务于党的中心工作，为实现党的政治任务提供了坚强组织保证。党的十八大以来，以习近平同志为核心的党中央创造性提出新时代党的组织路线，为加强党的组织建设提供了科学遵循。增强党组织政治功能和组织功能，既要突出政治引领，确保党在同级各种组织中发挥领导作用；又要突出组织体系建设这个重点，一体推进党的各方面各领域建设，使新时代党的组织路线服务党的政治路线更加科学、更加精准、更加有效。①

三、突出树牢宗旨意识、坚持人民至上

党章明确把“坚持全心全意为人民服务”作为党的建设必须坚决实现的基本要求之一。中国共产党代表中国最广大人民的根本利益，没有任何自己特殊的利益，其性质宗旨决定了增强党组织政治功能和组织功能，必须坚持人民至上，把一切为了人民、紧紧依靠人民、不断造福人民、牢牢植根人民作为根本出发点和落脚点。党的各级组织只有坚持以人民为中心的发展思想，把对上负责和对下负责统一起来、让党中央放心和让人民群众满意统一起来，才能赢得人民信任、得到人民支持。②

四、突出问题导向和目标导向相统一

实现党的组织和党的工作全覆盖，是发挥党组织政治功能和组织功能的物质依托和基本前提。当前，党组织建设整体形势向好，但也存在部分基层

① 张庆伟：《增强党组织政治功能和组织功能》，载《党的二十大报告辅导读本》，人民出版社2022年版，第576—577页。

② 张庆伟：《增强党组织政治功能和组织功能》，载《党的二十大报告辅导读本》，人民出版社2022年版，第577页。

党组织政治功能弱化、党组织软弱涣散现象，新经济组织、新社会组织、新就业群体党建工作有待加强。必须强化问题导向，坚持守正创新，下大力固根基、扬优势、补短板、强弱项，积极拓展新兴领域党组织建设，更好推动党的组织有效嵌入各类基层组织，实现党的工作有效覆盖社会各类群体。[①]

五、突出分类别具体指导、分领域统筹推进

根据中央组织部统计，截至2023年12月31日，党的基层组织有517.6万个，其中，基层党委29.8万个，总支部32.5万个，支部455.4万个。[②]他们广泛分布在各条战线各个领域，构成了党执政的稳固基础。增强党组织政治功能和组织功能，必须坚持一切从实际出发，分类指导、精准施策、统筹推进。落实中共中央办公厅印发的《关于加强和改进城市基层党的建设工作的意见》，加强城市社区党建工作，健全党建引领基层治理的体制机制。坚持"两个一以贯之"，推进国有企业、金融企业在完善公司治理中加强党的领导，把企业党组织内嵌到公司治理结构之中。加强混合所有制企业、非公有制企业党建工作，理顺行业协会、学会、商会党建工作管理体制。在新经济组织、新社会组织、新就业群体中扩大党的组织和工作覆盖，促进企业和社会组织健康发展。[③]

---

① 张庆伟:《增强党组织政治功能和组织功能》，载《党的二十大报告辅导读本》，人民出版社2022年版，第577页。

② 《中国共产党党内统计公报》，载共产党员网：https://www.12371.cn/2024/06/30/ARTI1719715269079269.shtml，最后访问时间2024年6月30日。

③ 张庆伟:《增强党组织政治功能和组织功能》，载《党的二十大报告辅导读本》，人民出版社2022年版，第577—578页。

第三节　党章明确了社会组织党组织的功能和职责

党的十九大报告将社会组织纳入中国特色社会主义事业的总体布局，社会组织被视为新时代治理体系和各项建设事业的重要力量。党的十九大通过了《中国共产党章程（修正案）》，修改后的党章也在“党的基层组织”一章中，规定了社会组织中党的基层组织功能定位和职责任务的内容，第三十三条规定“社会组织中党的基层组织，宣传和执行党的路线、方针、政策，领导工会、共青团等群团组织，教育管理党员，引领服务群众，推动事业发展”。进一步明确了社会组织党组织的使命任务和职责所在。

2018年，中共中央印发《中国共产党支部工作条例（试行）》，根据第十条的规定，不同领域党支部结合实际，分别承担各自不同的重点任务：社会组织中的党支部，引导和监督社会组织依法执业、诚信从业，教育引导职工群众增强政治认同，引导和支持社会组织有序参与社会治理、提供公共服务、承担社会责任。

坚持依章依规依纪加强社会组织党建工作，有助于社会组织在现代化进程中更好发挥作用，把社会组织及其从业人员紧密团结在党的周围，有助于推动事业高质量发展。实践表明，认真落实党章和各项党内法规，引领社会组织把党中央决策部署贯彻落实好、把各领域广大群众组织凝聚好，是坚定不移走好中国特色社会组织发展之路的必然要求。

第二章

坚持和加强党对社会组织的全面领导

中国共产党是中国特色社会主义事业的领导核心。坚持和加强党的全面领导，是党的十八大以来取得的最重要成就之一，也是党和国家事业取得历史性成就、发生历史性变革的最根本保证，我们党的领导地位是在革命、建设、改革的伟大实践中形成并不断巩固的，得到了人民广泛拥护，是历史的选择、人民的选择。

第一节　坚持和加强党的全面领导

党的二十大报告指出，“中国特色社会主义最本质的特征是中国共产党领导，中国特色社会主义制度的最大优势是中国共产党领导，中国共产党是最高政治领导力量，坚持党中央集中统一领导是最高政治原则”，充分凸显了党的全面领导与中国特色社会主义的一体关系。党作为最高的政治领导力量，具有总揽全局、协调各方的领导核心作用。新时代新征程，必须牢牢把握坚持和加强党的全面领导这一重大原则，确保我国社会主义现代化建设正确方向，向着以中国式现代化全面推进强国建设、民族复兴伟业的伟大目标奋勇前进。

一、坚持党的全面领导是建设长期执政的马克思主义政党的必然要求

党的二十大明确提出："我们党作为世界上最大的马克思主义执政党，要始终赢得人民拥护、巩固长期执政地位，必须时刻保持解决大党独有难题的清醒和坚定。"作为百年大党，永葆先进性和纯洁性、永葆青春活力，永远得到人民拥护和支持，必须保持马克思主义政党的本色，坚持党的全面领导。党的十八大以来，以习近平同志为核心的党中央着眼于党长期执政和国家长治久安进行了深邃思考和深入实践，把"党政军民学，东西南北中，党是领导一切的"写入党章，把"中国共产党领导是中国特色社会主义最本质的特征"写入宪法，进一步对坚持党的全面领导作出制度性规范，这是建设长期执政的马克思主义政党的必然要求。

建设长期执政的马克思主义政党，彰显了中国共产党人的历史自觉和历史自信，体现了中国共产党人的政党自信，党的全面领导是支撑这种历史自觉、历史自信和政党自信的重要基础。百年来，我们党努力探索出一条长期执政条件下解决自身问题、跳出治乱兴衰历史周期率的成功之路。新的赶考之路上，必须坚持全面从严治党，继续推进新时代党的建设新的伟大工程，把党的自我革命推向深入，确保党始终成为坚持和发展中国特色社会主义的坚强领导核心。

二、坚持党的全面领导是坚持和发展中国特色社会主义的必由之路

改革开放以来，我们党全部理论和实践的鲜明主题就是坚持和发展中国特色社会主义。习近平总书记提出"五个必由之路"，其中第一个就是"坚持党的全面领导是坚持和发展中国特色社会主义的必由之路"，并明确指出

"只要坚定不移坚持党的全面领导、维护党中央权威和集中统一领导，我们就一定能够确保全党全国拥有团结奋斗的强大政治凝聚力、发展自信心，集聚起守正创新、共克时艰的强大力量，形成风雨来袭时全体人民最可靠的主心骨"①。这既是基于以往历史所得出的重要认识，也是基于我们党所承担的历史任务发出的强劲号召。理论与实践一再表明，坚持党的全面领导是我们战胜一切困难和风险的"定海神针"，是做好党和国家各项工作的根本保证，也是坚持和发展中国特色社会主义的必由之路。

在中华民族伟大复兴战略全局中，坚持和发展中国特色社会主义无疑是一篇大文章。继续把这篇大文章精彩地写下去，关键在党，关键在坚持党的全面领导。新征程上，坚持和发展中国特色社会主义，必须在坚持马克思主义基本原理的基础上不断拓展新视野、作出新概括，必须在推进党的理论创新中不断有新建树、新发展，必须在实现第二个百年奋斗目标中不断迈出稳健步伐、奠定牢靠根基，必须在推进全面从严治党中把党建设得更加坚强有力，而所有这些都离不开党的全面领导。

三、坚持党的全面领导是全面建成社会主义现代化强国的根本所在

近代以来，中国人民经历了战乱频繁、山河破碎、民不聊生的深重苦难，建设现代化国家成为中华民族孜孜以求的梦想。中国共产党是这一梦想的真正实践者、实现者。百年来，党领导人民浴血奋战、百折不挠，创造了新民主主义革命的伟大成就；自力更生、发愤图强，创造了社会主义革命和建设的伟大成就；解放思想、锐意进取，创造了改革开放和社会主义现代化建设

① 《不断巩固中华民族共同体思想基础 共同建设伟大祖国 共同创造美好生活》，载《人民日报》，2022年3月6日第1版。

的伟大成就；自信自强、守正创新，创造了新时代中国特色社会主义的伟大成就。党和人民历经百年奋斗，中华民族伟大复兴进入了不可逆转的历史进程，中国正以崭新姿态屹立于世界的东方！

党的十八大以来，以习近平同志为核心的党中央锚定“两个一百年”奋斗目标不动摇，坚持和完善中国特色社会主义制度、推进国家治理体系和治理能力现代化，以健全党的全面领导制度为统领，把党的全面领导落实到统筹推进“五位一体”总体布局、协调推进“四个全面”战略布局各方面，社会主义现代化强国建设的步伐更加坚定。

新征程上所面临的任务仍很艰巨，前进道路上仍存在各种风险挑战。习近平总书记指出：“这些风险挑战，有的来自国内，有的来自国际，有的来自经济社会领域，有的来自自然界。我们要打赢防范化解重大风险攻坚战，必须坚持和完善中国特色社会主义制度、推进国家治理体系和治理能力现代化，运用制度威力应对风险挑战的冲击。”[①]制度问题带有根本性、全局性、稳定性和长期性，以制度应对风险挑战具有根本性效果。其中，发挥党的全面领导制度的威力具有统领作用。坚定维护党中央权威和集中统一领导的各项制度，健全党的全面领导制度，完善党的领导制度体系，能够确保在把准正确方向中应对各种风险挑战，在统筹兼顾中应对各种风险挑战，在改革创新中应对各种风险挑战。

四、坚持党的全面领导是实现全体人民共同富裕的基本前提

中国共产党是立足中国，全心全意为人民服务的马克思主义政党。共同富裕是中国共产党人始终如一的价值取向，是社会主义的本质要求，是坚持和发展中国特色社会主义的重要内容。习近平总书记指出：“实现共同富裕不

① 《习近平关于〈中共中央关于坚持和完善中国特色社会主义制度 推进国家治理体系和治理能力现代化若干重大问题的决定〉的说明》，载《人民日报》，2019年11月6日第4版。

仅是经济问题，而且是关系党的执政基础的重大政治问题。”[①]共同富裕不仅同生产力相关联，涉及财富占有、收入分配等内容，而且同生产关系相关联，涉及社会公平正义、政治经济运行体制机制等内容。这要求我们不仅要从经济角度找到切实可行的对策举措，而且要从政治高度制定决定走向的关键政策，这都离不开也必须坚持党的全面领导。实现共同富裕还需要处理好一些重要关系和重大原则问题，包括形成先富带动后富的机制、在做大“蛋糕”的同时分好“蛋糕”等，处理好这些问题都需要坚持党的全面领导。

新征程上，实现共同富裕需要发挥党总揽全局、协调各方的领导核心作用。从政治高度看，要在党的领导下发挥资本作为生产要素的积极作用，同时有效控制其消极作用，为资本设置“红绿灯”，依法加强对资本的有效监管。从经济角度看，要在党的领导下自觉主动将工作重点放在解决地区差距、城乡差距、收入差距等问题上；要在充分发挥市场决定性作用的同时，加大税收、社保、转移支付等再分配政策调节力度，支持有意愿有能力的企业和社会群体积极参与公益慈善事业，发挥三次分配的积极作用。

五、坚持党的全面领导是实现中华民族伟大复兴中国梦的根本保证

中国共产党一经成立就义无反顾地肩负起实现中华民族伟大复兴的历史使命。历史告诉我们，坚持党的全面领导是实现中华民族伟大复兴的正确选择。

中华民族伟大复兴中国梦是以习近平同志为核心的党中央提出的面向未来的政治宣言和行动指南，体现了中国共产党人的历史担当和使命追求。实现中国梦，追求国家富强、民族振兴、人民幸福，需要统合各方力量、汇聚各方智慧。习近平总书记指出：“实现中国梦必须走中国道路、弘扬中国精神、

① 习近平：《把握新发展阶段，贯彻新发展理念，构建新发展格局》，载《求是》2021年第9期。

凝聚中国力量。”[①]实现中国梦必须走中国道路，这就是中国特色社会主义道路。中国特色社会主义道路是我们党带领人民历经千辛万苦找到的实现中国梦的正确道路，这条道路来之不易，坚持这条道路也不易，走好这条道路更不易，党的全面领导是确保这条道路越走越宽的根本保证。实现中国梦必须弘扬中国精神，这就是以爱国主义为核心的民族精神和以改革创新为核心的时代精神。民族精神是中华民族绵延不绝的文化血脉，时代精神是当代中国发展创新的时代呼唤，他们共同构成中国精神的核心内容，是凝心聚力的兴国之魂、强国之魂。弘扬伟大民族精神和时代精神，不断振奋全民族的精气神，不断增强团结一心的精神纽带、自强不息的精神动力，必须加强党的全面领导。实现中国梦必须凝聚中国力量，这就是全国各族人民大团结的力量，党的全面领导是增进共识、凝聚力量的“定盘星”。坚持党的全面领导，才能将14亿多人的智慧和力量汇集成不可战胜的磅礴力量。

六、坚持党的全面领导是推动构建人类命运共同体的重要条件

党和人民事业是人类进步事业的重要组成部分。百年来，中国共产党既为中国人民谋幸福、为中华民族谋复兴，也为人类谋进步、为世界谋大同，以自强不息的奋斗深刻改变了世界发展的趋势和格局。党的十八大以来，以习近平同志为核心的党中央统筹中华民族伟大复兴战略全局和世界百年未有之大变局，创造性提出构建人类命运共同体理念，为新时代深化国际交往合作提供了方向指引。中国传统文化中的“天人合一”强调的是崇尚自然、效法天地的理念，“和而不同”秉持的是“和实生物，同则不继”的道理，“协和万邦”表达的是天下大同、天下为公的理想，“人心和善”体现的是人性本善、自觉向善的道德观念等，这些理念是中国古人为世界文明发展贡献的东

① 《习近平在文艺工作座谈会上的讲话》，载《人民日报》，2015年10月15日第2版。

方智慧，也是提出构建人类命运共同体的历史文化渊源。

构建人类命运共同体顺应经济全球化的大趋势。站在世界文明发展的角度看，人类现代化与工业文明行进的脚步，极大改变了世界的面貌，在经济全球化的推动下，世界各国相互联系，相互依存度日益紧密，人类已成为你中有我、我中有你的命运共同体，任何国家都不可能完全置身于全球化之外。党的十九届六中全会通过的《中共中央关于党的百年奋斗重大成就和历史经验的决议》指出，党推动构建人类命运共同体，为解决人类重大问题，建设持久和平、普遍安全、共同繁荣、开放包容、清洁美丽的世界贡献了中国智慧、中国方案、中国力量，成为推动人类发展进步的重要力量。推动构建人类命运共同体，生动诠释了中国共产党为中国人民谋幸福、为人类进步事业而奋斗的大党担当。

当前，世界百年未有之大变局加速演进，国际形势复杂严峻，国际关系深刻调整，妥善应对一系列风险挑战，必须坚持中国共产党的全面领导。中国共产党领导中国人民在抓好自身建设的同时关切世界人民，将中华民族伟大复兴寓于人类整体发展与共同繁荣之中，推动建设包容不同发展程度、不同发展道路与不同社会制度的世界秩序和全球格局，为推动构建人类命运共同体作出巨大贡献。中国共产党顺应时代潮流和历史大势，站在历史正确的一边、人类进步的一边，践行共商共建共享的全球治理观，积极推动构建更加公平合理的全球治理体系，弘扬全人类共同价值，得到国际社会的广泛认同。始终坚持胸怀天下的中国共产党，必将带领中国与世界携手，创造人类更加美好的未来。①

① 郭庆松：《坚持党的全面领导的时代意蕴》，载《光明日报》，2022年5月10日第6版。

第二节　坚持和加强党对社会组织的全面领导

随着改革开放不断深入，我国社会组织快速发展，已成为社会主义现代化建设的重要力量、党的工作和群众工作的重要阵地。在协调推进全面建成小康社会、全面深化改革、全面依法治国、全面从严治党战略布局中，社会组织承担着重要的任务。加强党对社会组织的全面领导对巩固党的执政基础、推动社会组织自身的发展具有重大意义。

一、强化党对社会组织的政治领导

社会组织成长壮大并充分发挥积极作用，离不开党对社会组织的全面领导，党的全面领导是社会组织健康发展和功能实现的必然要求。当代中国的政治框架，就是党主导下的政治体制框架，就是党领导下的“总揽全局、协调各方”的框架，这一框架的最本质特征、最大优势就是中国共产党的领导，党是中国政治框架存在发展的最高政治领导力量。因此，在当代中国的政治框架之内，党必然要强化对社会组织的政治领导。当前，党需要通过加强政治领导，确保社会组织始终坚定拥护“两个确立”、坚决做到“两个维护”，始终在政治立场、政治方向、政治原则、政治道路上同以习近平同志为核心的党中央保持高度一致。要把党的领导这个根本原则坚持好、落实好，必须多从政治上关心、思想上引导、发展上帮助社会组织负责人，增进他们对党的感情和政治认同。注重把党的执政理念与社会组织发展理念统一起来，把党的组织架构与社会组织治理结构衔接起来，把党组织的作用发挥与社会组织执业活动结合起来，推动社会组织有序参与社会治理、提供公共服务、承担社会责任。①

二、突出党员的政治引领意识

党对社会组织的政治领导是党对社会组织领导的重要方式，能够有效带领社会组织科学制定和执行党的社会组织路线方针政策。加强党对社会组织的政治领导要求党员不但自身要有坚定的政治意识，能够自觉落实党在社会组织中的路线方针政策，而且，要有意识地加强同社会组织群众之间的联系，影响和团结他们，通过自身对党的政策的充分理解去引领社会组织群众落实党的社会组织主张。此外，社会组织党员要树立对社会组织政治引领的意识，积极主动参与到社会组织党组织的活动中去，以自身的先锋模范作用，带头落实党的社会组织主张，并支持党组织发挥团结、凝聚群众、推动社会组织发展，将社会组织群众紧紧地团结在党组织周围。社会组织党员还要积极同社会组织群众打成一片，以自身熟练的业务能力和坚定的理想信念主动影响社会组织群众，增强社会组织群众的入党积极性，为社会组织党组织增强力量打下基础。②

三、提高社会组织党建质量，努力开拓党建工作新模式

新时代社会组织党建必须坚持问题导向，以解决社会组织党建工作实际问题为抓手，不断提高党建质量。社会组织点多、面广、量大，人员构成复杂，党员流动较快，搞"一刀切"式的党建工作行不通。要结合社会组织党建工作实际不断推进党建工作创新。通过推行党员管理层人员和党组织班子

① 万银锋：《党领导社会组织：必然逻辑、现实困境与应对策略》，载《中州学刊》2020年第4期。

② 唐宝全：《加强党对社会组织的全面领导——基于社会组织党员认同分析》，中共中央党校（国家行政学院）2018年硕士学位论文。

成员双向进入、交叉任职，明确党组织责任清单等形式，把党的领导和社会组织依法自治真正统一起来。努力在创新基层党组织设置、党组织规范化建设、党建业务融合、激发党建活力上积极创新，立足社会组织所需、党员群众欢迎、符合自身特点，积极探索“互联网+党建”等工作模式，不断拓展党组织和党员发挥作用的有效形式。①

四、积极引导社会组织的自我规范和法治治理

中国共产党与社会组织关系的本质是党的执政基础问题，因此要慎重处理好党组织与社会组织的关系，根据社会组织的特点和规律，积极引导社会组织的自我规范和法治治理，努力赢得人民群众最广泛的支持和认同。社会组织党建工作一方面要充分尊重社会组织的主体性，使社会组织成为人们在社会各领域中自我管理、自我服务、自我教育、自我监督的组织化载体；另一方面，要通过法治的规范，厘清社会组织与政府组织、市场组织或者说营利组织之间的界限，确立社会组织独立的法律地位，实现对社会组织行为的有效规范，防范和抵制社会组织的消极作用，推进社会组织的依法自治、政府的依法管理以及社会的依法监督。②

① 侯迎新：《推动新时代社会党组织党建强起来》，载《中国党政干部论坛》2021年第3期。

② 刘朋：《强化党在社会组织中的领导地位》，载《大社会》2018年第7期。

第三章

党的领导载入宪法第一条

2018年3月11日，十三届全国人大一次会议第三次全体会议表决通过了《宪法修正案》，充分体现了党的领导、人民当家作主和依法治国的有机统一，为坚持党的领导提供了有力法治保障。《宪法修正案》把“中国共产党领导是中国特色社会主义最本质的特征”写入宪法第一条，意义重大而深远。始终把坚持党对一切工作的领导作为最高的政治原则，确保依法把党的领导落实到国家工作全过程和各方面，是党和国家事业始终沿着正确轨道前进的重要基石。

第一节　党的领导写入宪法第一条的政治意义

中国特色社会主义制度的最大优势是中国共产党领导，党是最高政治领导力量，坚持党的领导是最高政治原则，是实现中华民族伟大复兴的关键所在。将“中国共产党领导是中国特色社会主义最本质的特征”写入宪法，将坚持党的领导从具体制度层面上升到国家根本制度层面，有利于我们在新时代长征路上成功应对重大挑战、抵御重大风险、克服重大阻力、解决重大矛盾，不断推进中国特色社会主义伟大事业从胜利走向新的胜利。

一、推进宪法发展完善的重要举措

宪法是国家根本法，是国家各种制度和法律法规的总依据，是治国安邦的总章程，是党和人民意志的集中体现。宪法修改是党和国家政治生活中的一件大事。新中国成立以后，于1954年通过了第一部宪法，1982年，党的十一届三中全会通过了现行宪法。1982年宪法实施以后，为适应中国经济社会的发展变化，全国人大以修正案的形式分别于1988年、1993年、1999年、2004年对宪法进行修改、完善。党的十八大以来，党和国家事业取得历史性成就、发生历史性变革，中国特色社会主义进入新时代，确立了习近平新时代中国特色社会主义思想在全党的指导地位和奋斗目标。新形势下，全国人大根据党中央精神对我国宪法作出适当修改，把包括“中国共产党领导是中国特色社会主义最本质的特征”等在内的重大理论观点和重大方针政策载入国家根本法，把党和人民在实践中取得的重大理论创新、实践创新、制度创新成果上升为宪法规定，是十分及时、必要的，更是推进宪法发展完善的重要举措。

二、强化了党的领导的宪法权威

宪法具有最高法律效力。我国宪法是在党领导下制定的，是党和国家方针和政策的定型化、规范化和制度化，不仅反映了党的主张，也代表了人民的意愿，而且已上升为国家意志。我国宪法的本质是党的主张、人民意愿和国家意志的统一。2018年宪法修改，在宪法序言确定党的领导地位的基础上，进一步在宪法总纲规定的国家根本制度中充实“中国共产党领导是中国特色社会主义最本质的特征”的内容，使宪法总纲第一条第二款“禁止任何组织或者个人破坏社会主义制度”的规定内在地包含“禁止破坏党的领导”。这进一步强化了党的领导地位的宪法权威，有利于增强全国各族人民、一切国家机关和武装力量、各政党和各社会团体、各企业事业组织坚持党的领导、维护党的领导的自觉性，有利于对反对、攻击和颠覆党的领导的行为形成强大震慑，并为惩处这些行为提供宪法依据。

三、深化了对共产党执政规律的认识

党在长期执政实践中积累了丰富的执政经验，形成了系统的执政理论，掌握了重要的执政规律。党的十八大以来，习近平总书记深刻揭示党的领导与中国特色社会主义的关系，进一步阐明了党的领导的必要性、重要性、优越性，多次强调党的领导的极端重要性，反映了以习近平同志为核心的党中央对共产党执政规律、社会主义建设规律、人类社会发展规律认识的进一步深化。历史和现实告诉我们，要实现“两个一百年”奋斗目标，实现中华民族伟大复兴的中国梦，必须坚持党的领导。把“中国共产党领导是中国特色社会主义最本质的特征”写入宪法，从社会主义本质属性的高度确定党在国家中的领导地位，使我们对党的领导和中国特色社会主义的认识达到一个前所未有的新高度。[①]

第二节　党的领导写入宪法第一条的现实意义

宪法的根基在于人民发自内心的拥护，宪法的伟力在于人民出自真诚的信仰。宪法的修改关系全局，影响广泛而深远，必须体现全国各族人民的共

① 黄进：《把“中国共产党领导是中国特色社会主义最本质的特征”写入宪法的重大意义》，载《党建研究》2018年第5期。

同愿望。把“中国共产党领导是中国特色社会主义最本质的特征”写入宪法，是人民当家作主在国家根本法中的反映，代表了我国各族人民的共同意志和根本利益，为党和国家兴旺发达、长治久安提供了更加坚实的群众基础和政治保障。

一、反映了全国各族人民的共同愿望

宪法修改是一项事关全局的重大政治活动，也是一项影响深远的重大立法活动，既要充分发扬党内民主，也要充分发扬人民民主，凝聚各方共识。2018年宪法修改广察民情、广纳民意、广聚民智，反复征求各方面意见建议，广泛凝聚了社会各界的共识，体现了社会主义民主政治的特点。在充分发扬民主、广泛凝聚共识的基础上提出把“中国共产党领导是中国特色社会主义最本质的特征”写入宪法，反映了全党全国各族人民的共同意愿，体现了党的主张和人民意志的高度统一，对于巩固全党全国各族人民为实现中华民族伟大复兴而奋斗的共同宪法基础具有重大意义。

二、体现了党的领导、人民当家作主、依法治国的有机统一

坚持党的领导、人民当家作主、依法治国有机统一，是中国特色社会主义民主政治的集中体现，三者统一于我国社会主义民主政治伟大实践，是中国共产党人的伟大创造。2018年宪法修改，始终坚持党中央集中统一领导，充分反映人民的需求和愿望，严格遵循宪法修改的法定程序，是一次坚持党的领导、人民当家作主、依法治国有机统一的生动实践。党领导人民制定宪法和法律、执行宪法和法律、捍卫宪法和法律尊严，同时，宪法也要为坚持党的领导提供有力法治保障。人民民主是社会主义的生命，党领导人民治理国家，就是支持和保证人民实现当家作主，确保人民当家作主具体地、现实

地体现到治国理政的方方面面。社会主义法治必须坚持党的领导，党的领导必须依靠社会主义法治。

三、进一步凝聚起了宪法基础上团结奋斗的力量

中国特色社会主义伟大实践深刻告诉我们，人民群众是历史的创造者，永远是我们克敌制胜、推进事业发展的力量源泉。只有坚持人民主体地位，才能把中国特色社会主义这一伟大事业不断推向前进。中国共产党是中国最高政治领导力量。人民群众的创造实践，离不开党的领导。党的领导是国家的根本所在、命脉所在，是全体人民的利益所系、幸福所系。习近平总书记关于“中国共产党领导是中国特色社会主义最本质的特征”的重要论断，是党领导人民进行革命和建设的历史逻辑与党领导人民进行改革开放的实践逻辑相贯通得出来的全新认识。把这一论断写入宪法，进一步凝聚起了宪法基础上团结一心推动民族复兴伟业的磅礴力量。①

第三节　党的领导写入宪法第一条的法治意义

中国特色社会主义进入新时代，这是我国发展新的历史方位。2018年宪法修改，把党和人民在实践中取得的重大理论创新、实践创新、制度创新成果上升为宪法规定，特别是把“中国共产党领导是中国特色社会主义最本质的特征”写入宪法，必将进一步发挥宪法的规范、引领、推动、保障作用，

---

① 黄进:《把“中国共产党领导是中国特色社会主义最本质的特征”写入宪法的重大意义》，载《党建研究》2018年第5期。

为在法治轨道上更好地坚持和发展新时代中国特色社会主义提供根本保证。我国宪法不仅确立了国家的根本制度，而且明确了国家的根本任务、发展道路和奋斗目标。把“中国共产党领导是中国特色社会主义最本质的特征”写入宪法，对于我们更加清醒地认识和把握党的领导，坚持社会主义方向，确保中国特色社会主义事业在新时代始终沿着正确轨道前进，具有重大而深远的意义。

一、有利于确保党依宪治国、依宪执政

习近平总书记明确指出：“每个党政组织、每个领导干部必须服从和遵守宪法法律，不能把党的领导作为个人以言代法、以权压法、徇私枉法的挡箭牌。”[①]宪法是党领导人民制定的，是党的主张和人民意志的统一。中国是人口大国，中国共产党作为执政党，要保证国家统一、法制统一、市场统一，要实现经济发展、政治清明、文化昌盛、社会公正、生态良好，就必须坚持全面依宪治国、依宪执政。

二、有利于把党的全面领导落实到新时代中国特色社会主义的全过程和各方面

宪法作为中国共产党长期执政的根本法律依据，确立了党的执政地位，确立了党在国家政权结构中总揽全局、协调各方的核心地位。坚持党对一切工作的领导，就是要确保党始终总揽全局、协调各方，实现全党思想上统一、政治上团结、行动上一致，把党的理论和路线方针政策体现和落实到经济建

① 习近平：《领导干部要做尊法学法守法用法的模范 带动全党全国共同全面推进依法治国》，载《人民日报》，2015年2月3日第1版。

设、政治建设、文化建设、社会建设、生态文明建设以及国防和军队建设、外交、党的建设等各个方面。把“中国共产党领导是中国特色社会主义最本质的特征”写入宪法，使之成为全国各族人民的共同遵循，成为国家各项事业、各方面工作的活动准则，从而把党的全面领导落实到新时代中国特色社会主义的全过程和各方面。

三、为坚持和发展中国特色社会主义道路提供了根本法治保证

回顾中国的宪法建设和发展史，我们发现，我国宪法同党和人民进行的艰苦奋斗和创造的辉煌成就紧密相连，同党和人民开辟的前进道路和积累的宝贵经验紧密相连。现行宪法以其至上的法治地位和强大的法治力量，为坚持中国共产党领导，保障人民当家作主，实现中华民族伟大复兴中国梦提供了根本法治保障。[①]

① 黄进:《把“中国共产党领导是中国特色社会主义最本质的特征”写入宪法的重大意义》，载《党建研究》2018年第5期。

第四章

党中央高度重视社会组织党的建设

习近平总书记指出，“要加强社会组织党的建设”[①]。党的二十大报告提出：“各级党组织要履行党章赋予的各项职责，把党的路线方针政策和党中央决策部署贯彻落实好，把各领域广大群众组织凝聚好。”这些重要论述，为加强社会组织党建工作指明了方向、提供了遵循，对确保社会组织正确发展方向、激发社会组织活力、提升内部治理效能有重要意义。

第一节 社会组织发展脉络和社会组织党建工作历程

纵观我国社会组织发展历程，党和政府、社会组织自身以及全社会，始终都在大胆尝试、共同探索社会组织发展中面临的一系列问题的最佳答案。伴随着一系列改革举措的实施，党组织引领社会组织运行发展更加务实、高效，让社会组织的创新活力得到充分激发和释放，社会组织高质量发展态势越来越明显。

① 习近平：《切实贯彻落实新时代党的组织路线 全党努力把党建设得更加坚强有力》，载《人民日报》，2018年7月5日第1版。

一、社会组织发展脉络

社会组织早期被称为“民间组织”，新中国成立初期，社会组织活动空间不大，作用有限。改革开放后，随着我国经济社会各方面得到恢复，社会组织也慢慢发展起来。1988年，民政部成立“社团管理司”，为社会组织的健康有序发展奠定了组织基础。2004年，政府工作报告中提出“把不该由政府管的事交给企业、社会组织和中介机构”。2016年8月，中共中央办公厅、国务院办公厅印发《关于改革社会组织管理制度促进社会组织健康有序发展的意见》，提出“努力走出一条具有中国特色的社会组织发展之路”，明确社会组织是“我国社会主义现代化建设的重要力量”，为社会组织明确了实践指引、历史方位和前进方向。

2013年，《国务院机构改革和职能转变方案》提出“改革社会组织管理制度”。此后，各级社会组织登记管理机关开展了一些具有改革意义的工作。如2013年在双重登记管理制度基础上开始探索四类社会组织直接登记，2015年开始推行党的组织和党的工作“两个全覆盖”、行业协会商会与行政机关脱钩改革、社会组织统一社会信用代码制度，2020年公布的《民法典》将社会组织明确为非营利法人等。①

根据中共中央办公厅2015年《关于加强社会组织党的建设工作的意见（试行）》，社会组织主要包括社会团体、民办非企业单位、基金会、社会中介组织以及城乡社区社会组织等。社会团体是指公民自愿组成，为实现会员共同意愿，按照其章程开展活动的非营利性社会组织，包括行业性、学术性、专业性和联合性社团，常被冠以协会、学会、研究会、商会、促进会、联合会等名称，国家机关以外的组织可以作为单位会员加入社会团体。民办非企业

① 赵宇新：《与国家发展同频共振——我国社会组织蓬勃发展的历史轨迹》，载《中国社会报》，2021年6月29日第1版。

单位是由企业事业单位、社会团体和其他社会力量以及公民个人利用非国有资产举办的、从事社会服务活动的社会组织，分为教育、卫健、科技、文化、人社、民政、体育等类别，民办非企业单位不得从事营利性经营活动。基金会是指利用自然人、法人或者其他组织捐赠的财产，以从事公益事业为目的，按照有关法律法规的规定成立的非营利性法人，包括公募基金会和非公募基金会。

二、社会组织党建工作历程

我国社会组织是在社会主义建设和改革开放的伟大进程中逐步实现组织数量增加、发展规模扩大的。我们党对社会组织及其党建工作的认识，也与之同步经历了一个由浅入深、从感性到理性的过程，对社会组织的领导也经历了一个由表及里、从认知表征到把握规律的过程。笔者认为，社会组织党建工作历程大致经历了四个阶段。

（一）社会组织党建的起步阶段

从1949年新中国成立到全面改革开放之前，是我国社会组织党建工作的起步阶段，其体制机制建设还处于探索之中。这一阶段，我国的社会组织党建工作主要呈现出自发性、松散性等特征，民主生活、政治教育和社会服务等工作开展得非常有限。

（二）社会组织党建的初步发展阶段

党的十四大做出了建立社会主义市场经济体制的决定，由此催生了大批的新经济组织、新社会组织。为尽快适应这种态势，1994年9月，党的十四届四中全会针对新社会组织日益增多的状况，明确提出要从实际出发，在社会组织中建立党的组织、开展党的活动。在一系列党中央决策部署的推动之下，社会组织党建工作得以发展并取得初步成效。

（三）社会组织党建的快速发展阶段

到党的十八大，社会组织党建快速发展，党对社会组织的组织覆盖、工作覆盖不断扩大，强化社会组织党建已成为党对社会组织进行领导的重要方式。党的十七大修改的党章明确要求，社会组织中凡是有正式党员三人以上的，都应当成立党的基层组织。

（四）社会组织党建进入成熟发展阶段

党的十八大提出，要加大社会组织党建工作力度。2015年，中共中央办公厅印发《关于加强社会组织党的建设工作的意见（试行）》，从整体上对社会组织党建工作作出顶层设计。党的十九大修订的党章指出："社会组织中党的基层组织，宣传和执行党的路线、方针、政策，领导工会、共青团等群团组织，教育管理党员，引领服务群众，推动事业发展。"这标志着社会组织党建被予以制度性确认，也标志着社会组织党建推进到一个新的发展阶段。党的二十大报告明确提出"加强新经济组织、新社会组织、新就业群体党的建设"，要"理顺行业协会、学会、商会党建工作管理体制"。这对坚持和加强党的全面领导、完善社会治理、巩固党的执政基础，具有重要意义。①

第二节 社会组织落实党建工作责任制的重点和关键

加强社会组织党的建设工作，是全面推进新时代党的建设新的伟大工程

① 寇爽：《社会组织党建的发展沿革、经验探索和路向选择》，载《领导科学》2021年第8期。

的重要组成部分。党的十八大以来，习近平总书记多次强调，要抓住党委（党组）这个关键主体，不折不扣落实全面从严治党责任。新时代履行好全面从严治党责任，实现加强和改进社会组织党建的使命任务，必须坚持以习近平总书记关于党的建设的重要思想为根本遵循，以全面落实社会组织党建责任制为重要抓手，以高质量党建引领保障高质量发展，为新时代社会组织事业发展提供坚强政治保证。

一、加强党对社会组织的全面领导，不断强化政治功能和组织功能

要坚持把加强党的领导作为党组织发挥作用的根本着眼点，把支持和推动社会组织有序参与社会治理作为党组织发挥作用的着力点，把团结凝聚群众作为党组织发挥作用的落脚点，确保党的路线方针政策在社会组织中得到全面贯彻落实。积极引导社会组织的广大党员自觉同党中央决策部署对标对表，提高政治站位，把准政治方向，坚定政治立场，明确政治态度，严守政治纪律，经常校正偏差，做到党中央提倡的坚决响应、党中央决定的坚决执行、党中央禁止的坚决不做。不断提高广大党员把握方向、把握大势、把握全局的能力和辨别是非、保持政治定力、驾驭政治局面、防范政治风险的能力和水平。

二、认真贯彻落实新时代党的组织路线，抓好社会组织党的组织体系建设

严密的组织体系，是马克思主义政党的优势所在、力量所在。当前，经过广泛开展“两个覆盖”专项工作，社会组织基本实现了党的组织和党的工作全覆盖，但同时需要更加关注提高党建工作质量，推进社会组织“两个覆

盖”从有形向有效覆盖转化还要下更大气力。按照有利于党的路线、方针、政策在社会组织的贯彻落实，有利于在新形势下扩大党的工作覆盖面、影响力和渗透力，有利于保证社会组织的健康发展的原则，逐步理顺社会组织党组织隶属关系。严格落实社会组织党建工作“四同时”“三同步”制度，因地制宜建立社会组织党建领导机关，理顺党组织隶属关系，完善党建工作管理体制和运行机制。社会组织党建领导机关和社会组织较多的业务主管单位可以根据实际情况成立综合性党委、行业党委、联合党委等，明确职责权限，充实工作力量，切实把社会组织党建工作抓起来、管起来。

三、树立大抓基层的鲜明导向，推动社会组织党的建设全面进步、全面过硬

贯彻落实《中国共产党支部工作条例（试行）》，扎实推进党支部标准化、规范化建设，持续整顿软弱涣散基层党组织。抓好“三会一课”、民主评议党员等组织生活制度，不断提高组织生活质量。进一步强化党员教育管理服务工作，督促“口袋”党员及时转移组织关系，暂时不能转移组织关系的，按照“一方隶属、参加多重组织生活”原则，组织参加党组织活动，纳入有效管理。在从严管理的同时，加强思想政治工作，关爱服务党员，注重正向激励，帮助解决实际困难，增强党员归属感。注重提高社会组织党组织政治领导力、思想引领力、群众组织力、社会号召力，把广大从业人员和服务对象紧紧团结在党的周围，引导他们深入学习习近平新时代中国特色社会主义思想，不断增强党的阶级基础、扩大党的群众基础、夯实党的执政根基。

建设一支高素质的党务干部队伍，是社会组织党建工作取得成效的根本保证，加强党组织负责人和支部成员的培养选拔，按照专兼职结合，多渠道、多样化选用的要求，逐步建设一支素质优良、结构合理、数量充足的党

务工作者队伍，同时依托各级党校（行政学院）、干部学院和高校等开展系统化培训，提升社会组织党务工作者的能力和水平。建立健全管理和激励机制，结合社会组织实际，通过明确岗位职责、强化履职考核、健全激励机制等，提高社会组织党务工作者的积极性，保障社会组织中党的各项活动顺利开展。

立足社会组织党建工作实际，不断推进党建工作创新。通过推行党员管理层人员和党组织班子成员双向进入、交叉任职，明确党组织责任清单等形式，把党的领导和社会组织依法自治真正统一起来。

立足社会组织所需、党员群众欢迎、符合自身特点，积极探索“互联网+党建”工作模式，不断拓展党组织和党员发挥作用的有效形式。

四、坚持分类指导、精准施策，全面提高社会组织党建工作质量

全面从严治党的一条重要经验，就是牵住“责任制”这个牛鼻子。履行抓党建工作的主体责任，坚持分类指导，针对社会组织行业领域众多的实际情况，坚持精准施策、精准发力，根据不同类型、不同行业、不同规模，分别提出推进党建工作的具体要求，使每个社会组织党建工作都能得到有力的指导和帮助。注重强化考核和责任追究，把社会组织党建工作作为基层党建工作述职评议考核的重要内容。对社会组织党建工作的投入可通过税前列支等形式，主动支持党建工作，通过多方面努力，使社会组织党组织有钱办事、有人干事、有场地活动，不断提升党建工作质量和水平。①

① 侯迎欣：《推动新时代社会组织党建强起来》，载《中国党政干部论坛》2021年第3期。

第三节 党建引领社会组织高质量发展

坚持依章依规依纪加强社会组织党建工作，有助于社会组织在现代化进程中更好地发挥作用，把社会组织及其从业人员紧密团结在党的周围，有助于推动事业高质量发展。

一、锻造坚持和加强党的全面领导的坚强战斗堡垒

依章依规依纪加强社会组织党建工作，根本是加强党的领导，把党的领导贯穿社会组织工作的全过程和各方面，将基层党组织的政治优势、组织优势转化为内部治理效能。锻造坚持和加强党的全面领导的坚强战斗堡垒，压实党建工作主体责任，不仅能确保新时代社会组织发展的正确方向，而且能团结和凝聚各领域的资源和力量投身公益事业，更好地服务国家、服务社会、服务群众、服务行业。坚持和加强党的全面领导，必须增强党组织的政治功能和组织功能，坚持强基固本，进一步理顺学会、协会、商会的党建工作管理体制，推动党建内容写入社会组织章程，不断提升社会组织党组织的政治判断力、政治领悟力、政治执行力。创新党组织设置和活动方式，加强新经济组织、新社会组织、新就业群众党的建设，强化管党治党政治责任，有力领导工会、共青团等群团组织，推动党的组织覆盖、工作覆盖从有形向有效转变。推动全面从严治党向社会组织延伸，加强日常监督，持续整顿软弱涣散基层党组织，持续整治群众身边的不正之风和腐败问题。

二、坚持不懈用党的创新理论凝心铸魂

用党的创新理论武装全党是党的思想建设的根本任务。党的二十大报告强调，“坚持不懈用新时代中国特色社会主义思想凝心铸魂”。这就要求全面加强党的思想建设，坚持用习近平新时代中国特色社会主义思想武装头脑、指导实践、推动工作，引领广大社会组织从业人员的政治认同，坚定维护“两个确立”、坚决做到“两个维护”。新经济组织、新社会组织中的知识分子，如律师、会计师、评估师、税务师等专业人士，是改革开放以来快速成长起来的社会群体，从业人员流动性很大、思想比较活跃，通常根据自己的职业或兴趣加入各种社会组织。尤其是很多青年人，在新社会组织里，在网络空间里，在农民工、个体工商户、网民里，在种类繁多的新兴群体里，做好他们的工作，是发挥社会组织桥梁和纽带作用的重要任务。

因此，要着力加强理想信念教育，把党章和党内法规要求融入主责主业，引领社会组织从业人员自觉做中国特色社会主义共同理想的坚定信仰者和忠实实践者。坚持学思用贯通、知信行统一，自觉把党的创新理论转化为坚定理想、锤炼党性和指导实践、推动工作的强大力量。创新理论武装的载体和形式，开展理论联学、党课联讲、以会代训、互联互学等活动，推动理论学习融入日常工作和生活。做好从业人员思想政治工作，及时化解思想困惑，解决矛盾问题，激发思想共鸣。发挥舆论阵地引领作用，落实意识形态责任制，用好“一讲两坛三会”，讲好社会组织故事，宣传社会组织正能量，凝聚强大精神力量。

三、着力增强党组织政治功能和组织功能

根据中央组织部统计，截至2023年年底，党的基层组织有517.6万个，基

层党组织进一步夯实巩固。[1]随着社会组织党组织数量越来越多，作用发挥也越来越突出。因此，要认真贯彻党章赋予的各项职责，落实好各项党内法规，必须从规范组织生活入手，不断增强社会组织党组织的政治功能和组织功能，确保党中央决策部署真正在社会组织落地生根，确保党的执政基础、群众基础巩固。坚持以建设“四强”支部为抓手，把支部班子强、组织功能强、党员队伍强、作用发挥强要求融入主责主业、融入日常工作和生活，强主业、树品牌、促服务，全面提高社会组织党建工作质量。认真把握社会组织特点和规律，针对社会组织党员及从业人员流动性大、会员和志愿者多、许多理事和监事不驻会等特点，规范网上“三会一课”，会前发出通知，做到议题充分酝酿，广泛征求意见建议，提升会议决策质量。针对社会组织兼职党员多、组织关系未转入社会组织等实际，规范过好双重组织生活，从实际出发加强对流动党员的教育管理监督，确保社会组织工作延伸到哪里，党的工作就跟进到哪里。推动社会组织党风廉政建设，激励党员带头落实中央八项规定精神，带头纠“四风”树新风，积极营造社会组织风清气正氛围。

四、提升社会组织推动事业发展的能力

依章依规依纪加强社会组织党建工作，根本目的是推动事业发展。社会组织聚焦主责主业谋发展，在主责主业布局、项目活动、运行模式和实现高质量发展上加强长远规划，采取务实举措，在参与基层治理、提供公共服务、承担社会责任中发挥积极作用。聚焦教育、医疗、养老、就业、社会救助等民生问题，整合公益资源和力量，为解决人民群众急难愁盼问题贡献社会组织力量。坚持尽力而为、量力而行，深入群众、深入基层，把有限的人财物

---

① 《党员队伍结构持续优化》，载共产党员网：https://www.12371.cn/2024/06/30/ARTI1719715421966285.shtml，最后访问时间2024年6月30日。

用到群众最急需、最急盼的工作中去，规范社会组织服务供给的内容、项目、标准、流程等，切实增强社会组织服务群众、推动事业高质量发展的水平。支持党组织健全、管理规范的社会组织优先承接政府转移职能和服务项目。完善激励政策，扶持社会组织参与乡村振兴，支持社会组织从业人员参加社会工作职业资格考试和学历教育等，推动对获得社会工作职业资格的人员给予职业津贴，探索类似“时间银行”等激励模式。创新社会组织基层党组织与社会工作者、社区志愿者、社会慈善资源的联动机制，既准确对接群众需求，也提高党组织推动事业发展的能力，实现提质增效、量质齐升。①

① 姚有林:《坚持依章依规依纪 提升社会组织党建工作质量》，载民政部：https://www.mca.gov.cn/n152/n166/c47936/content.html，最后访问时间2024年5月31日。

第五章

社会组织党组织的功能定位及其作用

党的十八大以来，以习近平同志为核心的党中央高度重视社会组织工作，对社会组织改革发展作出一系列重大决策部署，赋予社会组织更加重要的使命任务，推动我国社会组织健康快速发展。2015年，中共中央办公厅印发《关于加强社会组织党的建设工作的意见（试行）》（以下简称《意见》），明确了社会组织党组织的功能定位，提出了加强社会组织党建工作的总体要求和重点任务。《意见》的印发，为新形势下全面加强社会组织党建工作指明了前进方向，提供了基本遵循。同时，社会组织自身发展也面临着许多新挑战。面对新情况新问题，只有不断加强社会组织党建工作，才能更好地加强党对社会组织的领导，引领社会组织正确发展方向；才能更好地激发社会组织活力，促进社会组织在推进国家治理体系和治理能力现代化进程中更好发挥作用；才能更好地把社会组织及其从业人员紧密团结在党的周围，不断增强党的阶级基础、扩大党的群众基础、夯实党的执政基础。①

第一节 加强社会组织党建工作的重大意义

着眼于经济社会发展变化实际，切实加强对社会组织党建工作的探索研

---

① 《人民日报评论员：发挥好党组织在社会组织中的政治核心作用》，载共产党员网：https://syss.12371.cn/2015/09/29/ARTI1443484575325717.shtml，最后访问时间2024年5月31日。

究，正确理解和把握社会组织形成过程、运行规律以及社会功能，正确理解和把握社会组织党建领域的本质特征，有利于充分发挥社会组织在经济、政治、社会、文化和生态文明建设中的作用。

一、加强社会组织党建工作，是激发社会组织活力、引领社会组织健康发展的重要途径

近年来，我国社会组织呈现出发展快、种类多、领域广等特点，已成为社会政治生活中不可或缺的重要组成部分。中国社会科学院大学与社会科学文献出版社共同发布的《社会组织蓝皮书：中国社会组织报告（2023）》显示，截至2022年年底，我国共有89.13万个社会组织。从不同类型社会组织的发展情况来看，社会团体有37.01万个，占全国社会组织总量的41.52%；民办非企业单位有51.19万个，占比57.43%；基金会有9319个，占比1.05%。[①]社会组织在推进中国特色社会主义建设中发挥着越来越重要的作用，对激发社会活力、促进社会公平、反映公众诉求、整合社会力量、化解社会矛盾等起到了不可替代的作用。因此，加强社会组织党建工作，既具有现实紧迫性，也有深远的历史意义。通过加强社会组织党的建设，发挥党员的先锋模范作用，能够为社会组织的健康发展提供人才支持；通过党的建设，能够把握群众的思想动向，及时发现存在的问题，化解矛盾，为社会组织的健康发展创造良好的内外部环境；通过党的建设，认真贯彻党的路线方针政策，引导和监督社会组织遵守法律法规，团结群众，维护各方的合法权益，为社会组织有序运行、健康发展提供可靠保证。总之，通过加强社会组织党的建设，将党建工作作为软实力，融入日常工作中，能够使社会不同利益主体的诉求得

---

① 《报告：东部沿海地区社会团体数量领先，传统发达地区仍有发展潜力》，载中国新闻网：https://www.chinanews.com.cn/sh/2023/11-05/10106360.shtml，最后访问时间2024年3月24日。

以顺畅表达，利益关系得到有效协调，形成社会各阶层各尽其能、各得其所、和谐相处的态势，进一步激发社会组织活力，推动社会组织更好地参与国家治理，引领社会组织健康有序发展。

二、加强社会组织党建工作，是充分发挥社会组织作用、推动经济社会高质量发展的必然要求

随着我国社会主义市场经济不断发展和政府职能逐步转变，社会组织已成为社会治理的重要参与者、实践者。社会组织中集聚了大量高层次人才，突出特点是拥有高学历、高知识、高收入，熟悉市场经济规则，掌握着大量社会资源，往往也是党和政府的“智囊团”。此外，社会组织承担了大量政府转移职能，在全面深化改革中发挥着“助推器”作用，通过参与公共管理、宣传法律法规、帮教特殊人群、化解矛盾纠纷、预防违法犯罪等工作，社会组织已成为促进社会和谐的“黏合剂”。因此，通过加强社会组织党的建设，能够使社会组织更好地发挥政府治理和社会自我调节的联结作用，通过党建的引领作用，引导社会组织强化服务功能、投身公益事业，为政府、社会和群众提供更好的服务。

三、加强社会组织党建工作，是夯实党的执政基础、提高党的执政能力、巩固党的执政地位的战略举措

社会组织是新形势下党和政府联系服务群众的重要载体和渠道。社会组织涵盖各行业各领域，覆盖社会各类群体，直接联系不同方面、不同利益群众。这些社会组织反映不同群体的利益诉求，成为民生需求的“扫描仪”、诉求表达的“传感器”，成为党和政府联系不同方面群众的桥梁纽带。因此，加强社会组织党的建设，是巩固我们党的执政地位、增强党的社会基础、扩大

党的影响力的重要基础。通过党的建设，宣传党的主张，做好服务群众工作，能够有效地把社会组织及其从业人员紧密团结凝聚在党的周围。党建工作是社会组织的根基所在，是社会组织发展的“红色引擎”，是指引社会组织前进方向的鲜明旗帜。党建工作把政治活力转化为发展动力，有了党组织这个战斗堡垒，社会组织就能健康持续地发展，凝聚起更为强大的正能量，真正做到为党和政府分忧，为困难群众解愁。[①]

第二节　社会组织党建总体要求与发挥社会组织党组织政治核心作用

加强社会组织党建工作，根本目的是加强党对社会组织的领导，促进社会组织健康发展。要深入学习贯彻习近平总书记系列重要讲话精神，做到“四个坚持”：一是坚持党的领导与社会组织依法自治相统一，把党的工作融入社会组织运行和发展过程，更好地组织、引导、团结社会组织及其从业人员；二是坚持从严从实，把握特点规律，严格落实党建工作制度，积极探索符合社会组织实际的方式方法，防止行政化和形式主义；三是坚持问题导向，着力破解影响和制约社会组织党建工作发展的重点难点问题，推动社会组织党建工作水平全面提升；四是坚持分类指导，根据不同类型不同规模社会组织情况开展工作，正确处理一致性和多样性关系，切实提高针对性和实效性，不断增强社会组织党组织的创造力凝聚力战斗力，充分发挥社会组织党组织的战斗堡垒作用和党员的先锋模范作用。

《意见》明确，社会组织党组织是党在社会组织中的战斗堡垒，发挥政治

---

① 《社会组织为何要加强党建工作？》，微信公众号“清远市协同社会治理创新中心”2020年4月30日。

核心作用，确立了社会组织党组织功能定位。发挥政治核心作用，最根本的是履行好六项基本职责：一是保证政治方向。宣传和执行党的路线方针政策，宣传和执行党中央、上级党组织和本组织的决议，组织党员群众认真学习中国特色社会主义理论体系，深入学习习近平总书记系列重要讲话精神，教育引导党员群众遵守国家法律法规，引导监督社会组织依法执业、诚信从业。二是团结凝聚群众。做好思想政治工作，教育引导职工群众增强政治认同，关心和维护职工群众的正当权利和利益，汇聚推进改革发展的正能量。三是推动事业发展。激发从业人员工作热情和主人翁意识，帮助社会组织健全章程和各项管理制度，引导和支持社会组织有序参与社会治理、提供公共服务、承担社会责任。四是建设先进文化。坚持用社会主义核心价值观引领文化建设，组织丰富多彩的文化活动，营造积极向上的文化氛围，教育党员群众自觉抵制不良倾向，坚决同各种违法犯罪行为作斗争。五是服务人才成长。关心关爱人才，主动帮助引导，不断提高从业人员的思想和业务素质，支持和保障各类人才干事创业。六是加强自身建设。创新组织设置，健全工作机制，严格执行组织生活各项制度，做好发展党员和党员教育管理服务工作。维护和执行党的纪律，监督党员切实履行义务，做好党风廉政建设工作。领导本单位工会、共青团、妇联等群团基层组织工作。①

第三节　着力夯实社会组织党建工作根基

党的二十大报告指出，要增强党组织政治功能和组织功能，坚持大抓基

---

① 《中组部负责人就〈关于加强社会组织党的建设工作的意见（试行）〉答记者问》，载共产党员网：https://news.12371.cn/2015/09/28/ARTI1443441541014311.shtml?from=groupmessage&isappinstalle d=0，最后访问时间2024年2月28日。

层的鲜明导向，加强新经济组织、新社会组织、新就业群体党的建设。系统回答了新时代基层党建工作怎么看、抓什么、怎么抓等重大理论和实践问题，为建强社会组织战斗堡垒、夯实执政之基指明了前进方向、提供了根本遵循。

一、切实抓好社会组织党的组织和工作覆盖

实现党的组织覆盖和工作覆盖是党组织发挥作用的基础和前提。针对社会组织特点，《意见》要求本着应建尽建的原则加大党组织组建力度。一要按单位建立党组织。凡有 3 名以上正式党员的社会组织，都要按照党章规定，经上级党组织批准，根据党员人数分别设立党委、总支、支部。规模较大、会员单位较多而党员人数不足的，经县级以上党委批准可以建立党委。二要按行业建立党组织。行业特征明显、管理体系健全的行业，可依托行业协会、商会建立行业党组织。行业党组织对会员单位党建工作进行指导。三要按区域建立党组织。在社会组织相对集中的各类街区、园区、楼宇等区域，可打破单位界限，统一建立党组织。规模小、党员少的社会组织，可本着就近就便原则联合建立党组织。在此基础上，《意见》要求，对暂不具备组建条件的社会组织，可以通过选派党建工作指导员、联络员或建立工会、共青团组织等途径，开展党的工作，条件成熟时及时建立党组织。新成立的社会组织，具备组建条件的，登记和审批机关应督促推动同步建立党组织。通过各种方式，努力做到哪里有群众哪里就有党的工作，哪里有党员哪里就有党组织。

二、充分发挥社会组织党组织战斗堡垒作用和党员先锋模范作用

着眼社会组织数量大、种类多、差异明显和从业人员中高知识群体聚集的特点，要求积极拓展社会组织党组织和党员发挥作用的途径。一是围绕社

会组织健康发展开展活动。促进社会组织健康发展是社会组织党组织的重要任务。发挥好这一作用，必须坚持围绕中心、服务中心，将党组织活动融入社会组织执业活动、日常管理和文化建设之中，使党建工作与社会组织发展紧密结合、互促共进。二是贴近职工群众需求开展党组织活动。党组织要密切关注职工群众思想状况和实际需求，创新思想政治教育方式，加强人文关怀和心理疏导，通过开展群众欢迎的活动、提供群众期盼的服务来团结群众、引导群众，切实增强党组织的吸引力和影响力。三是突出社会组织特点开展党组织活动。社会组织在服务社会、服务群众方面具有独特优势，党组织活动必须善于发挥这一优势。比如，发挥社会组织及其从业人员专业特长，开展专业化志愿服务；发挥联系广泛的优势，在从业活动中宣传党的路线方针政策，凝聚社会共识。同时，要针对从业人员流动性强的特点，充分利用现代信息技术手段开展活动，增强党组织活动的开放性和灵活性。四是紧扣党员实际创新教育管理服务。社会组织中未转移党组织关系的党员比较多，一方面，要督促党员按规定转移组织关系，另一方面，暂未转移组织关系的党员可以按照“一方隶属、参加多重组织生活”原则，参加社会组织党组织的活动。同时，要加大发展党员工作力度，特别要注重把符合条件的社会组织负责人和业务骨干发展成党员，注重在没有党员和只有个别党员的社会组织中发展党员。五是贯彻从严要求提高组织生活质量。党内生活贵在经常、重在认真、要在细节。社会组织党组织要紧密联系党员思想工作实际，严格落实“三会一课”、民主评议党员、党员党性定期分析等制度。按照规定召开党员领导干部民主生活会，定期召开党员组织生活会，积极开展批评和自我批评，切实发挥组织生活教育、改造、提高党员的作用。

三、加强社会组织党建工作力量

做好社会组织党建工作，离不开高素质的党建工作骨干。一要选优配强党组织书记。按照守信念、讲奉献、有本领、重品行的要求，选优配强社会组织党组织书记。党组织书记一般从社会组织内部产生，提倡由党员社会组织负责人担任，社会组织负责人不是党员的，可从管理层中选拔党组织书记；社会组织中没有合适人选的，可提请上级党组织选派，再按党内有关规定任职。二要充实壮大党务工作者队伍。要求专兼职结合，多渠道、多样化选用，建设一支素质优良、结构合理、数量充足的党务工作者队伍。明确规模大、党员数量多的社会组织党组织，应配备专职副书记。在社会组织相对集中的区域要建立党建工作站，配备专兼职人员做好党务工作。三要加强党务工作者教育培训。要求把社会组织党务工作者纳入基层党务干部培训范围，依托各级党校、行政学院、干部学院和高校开展培训。明确培训工作由党委组织部门、社会组织党建工作机构和有关职能部门组织实施。四要强化管理和激励。对党务工作者既要严格管理和考核，又要激励和保障他们做好工作。社会组织党组织书记每年要向上级党组织和本单位党员报告工作并接受评议。各地各部门要根据实际给予党组织书记和专职党务工作者适当工作津贴，注重推荐优秀党组织书记作为各级党代会代表、人大代表、政协委员人选，作为劳动模范等各类先进人物人选，努力使社会组织党务工作者干事有平台、待遇有保障、发展有空间。

四、加强社会组织党建工作基础保障

必要的基础保障是加强社会组织党建工作的重要支撑。建立多渠道筹措、多元化投入的党建工作经费保障机制，规定社会组织应将党建工作经费纳入管理费用列支，可以按照有关规定据实在企业所得税前扣除；社会组织党员上缴的党费全额下拨；党委组织部门可用留存党费给予支持；有条件的地方可采取多种方式给予必要的经费支持。要求把党组织活动场所建成服务群众的重要阵地，地方党委要在社会组织集聚区域统筹建设党群活动服务中心，支持具备条件的社会组织建设党组织活动场所，鼓励企事业单位、机关和街道社区、乡镇村党组织与社会组织党组织场所共用、资源共享。将党建工作有关内容写入社会组织章程。各级党委和社会组织监管部门要加强对社会组织负责人的思想教育，引导他们主动支持党建工作，为党组织开展活动、做好工作提供必要条件。

五、强化社会组织党建工作责任落实

抓好社会组织党建工作，必须落实责任制。一要明责。各级党委加强对社会组织党建工作的领导，纳入党建工作总体布局；各级党委组织部门牵头抓总、统筹协调；社会组织党建工作机构加强具体指导；民政、司法、财政、税务、教育、卫生、工商等部门结合社会组织登记、年检、评估等工作职能，协同做好社会组织党建工作。二要考责。各级党委把社会组织党建工作作为抓基层党建工作述职评议考核和相关部门领导班子、领导干部考核的重要内容，社会组织党组织书记每年向上级党组织和本单位党员报告工作并接受评议。三要追责。明确奖惩措施，强化考核结果运用，对履行责任不到位的要追究相关人员责任。①

① 《中组部负责人就〈关于加强社会组织党的建设工作的意见（试行）〉答记者问》，载共产党员网：https://news.12371.cn/2015/09/28/ARTI1443441541014311.shtml?from=groupmessage&isappinstalled=0，最后访问时间2024年2月28日。

第六章

全国性的重要社会组织可以设立党组

2019年修订的《中国共产党党组工作条例》第二条规定，党组是党在中央和地方国家机关、人民团体、经济组织、文化组织和其他非党组织的领导机关中设立的领导机构，在本单位发挥领导作用，是党对非党组织实施领导的重要组织形式。第八条规定，全国性的重要文化组织、社会组织，经党中央批准可以设立党组。

坚持党的领导是中国特色社会主义的本质特征。工农商学兵、东西南北中，党是领导一切的。作为执政党，党在国家机关、人民团体、经济组织、文化组织、社会组织和其他组织领导机关中设立党组，是党实现政治领导、组织领导、思想领导的重要途径，是执掌国家政权、领导经济社会发展、维护国家长治久安的重要保证，体现了我们党独特的政治优势、组织优势、制度优势。通过设立党组，能有效贯彻执行党的理论和路线方针政策，讨论和决定本单位的重大问题，严格管理干部，团结党外干部和群众一道完成党和国家交给的任务，指导机关和直属单位党组织的工作。实践证明，党组制度只能加强，不能削弱。[①]

---

① 《为什么要成立党组？》，载共产党员网：https://fuwu.12371.cn/2016/08/08/ARTI1470586767324682.shtml，最后访问时间2024年4月25日。

第一节　全国性的重要社会组织设立党组的必要性

在中国式现代化的进程中，社会组织日益成为社会生活多元化的中坚力量，成为社会构成多样化的主要元素和社会治理现代化的重要载体。《中国共产党党组工作条例》明确规定，在全国性的重要文化组织、社会组织，经党中央批准，可以设立党组，这是新形势下中国共产党加强“总揽全局，协调各方”领导核心作用的体现，也是加强党对社会组织领导的需要。同时，条例对党组的设立、职责、组织原则、决策与执行等进行了规范，对监督检查、责任追究提出明确要求，为党组设立和运行提供了总依据，推进党的组织工作科学化制度化规范化。

怎样认识党与社会组织的关系？中国共产党与社会组织关系的本质是党的执政基础问题。从巩固和扩大党的执政基础出发，要慎重处理好党与社会组织的关系，努力赢得人民群众最广泛的支持和认同。

党的执政基础是党在执政过程中赖以掌握政权、巩固政权、取得事业成功的根本条件和前提基础，也就是依靠谁、依靠什么执政的问题。党的执政基础中最重要的是党的阶级基础、群众基础和组织基础。不断增强党的阶级基础和扩大党的群众基础关系到党的强弱大小和兴衰成败。党的执政基础既是一个老问题，又是一个新问题。说是老问题，是因为中国共产党自成立以来，就不断增强阶级基础、扩大群众基础。说是新问题，是由于时代的进步，社会环境和社会分层都发生了重大变化，党的阶级基础和群众基础也相应发生变化。阶级基础和群众基础的变化，势必体现在党的组织基础上，会影响党的组织制度、组织体系与党员队伍。推进党的事业，一刻也不能放松基础建设。党在执政实践中，不论是改进和完善党的领导方式与执政方式，还是调整党的执政功能，都是为了赢得人民群众的支持和认同。随着社会组织的发展和从事社会组织工作人员的增多，党必须在执政实践中重视与社会组织的关系。特别是全国性的重要社会组织涉及领域相对较多，具有广泛的社会基础，能够表达不同群体的利益诉求。在新形势下，党要处理好与人民群众的关系势必涉及社会组织及其从业人员，如何与这部分群众密切联系，发挥正能量，是党必须面对的课题。①

第二节　充分发挥社会组织党组的功能作用

党的二十大报告提出，“加强新经济组织、新社会组织、新就业群体党的建设”。这是针对党的建设的新领域、新阵地、新课题提出的重要要求，在社会组织迅猛发展和社会治理改革创新的今天，以《中国共产党党组工作条例》为指导，进一步完善党对全国性的重要社会组织的领导，需要认真谋划和推进以下工作。

一是合理定位社会组织中党组的地位。这是社会组织党建工作的首要问题。社会组织中的党组既不能对社会组织的事务大包大揽、无所不为，造成党社不分，使社会组织缺乏自主性和独立性；也不能对社会组织发展不管不问、无所作为，造成党社分家，使社会组织远离党组。党组应该是社会组织的政治核心，是党的战斗堡垒，要对社会组织进行坚强的政治领导，把握社会组织的建设方向，引导和监督社会组织发展。

二是明确社会组织中党组的主要职责。社会组织中党组应该坚持正确的政治方向，全面执行党章和工作条例规定的党的基层组织基本义务，宣传和贯彻

---

① 黄伟：《以制度创新完善党对社会组织的领导》，载《学习时报》，2015年7月9日第3版。

党的路线、方针、政策，执行上级党组织和本组织的决议、决定；监督社会组织遵守国家法律、法规；支持社会组织及其负责人按照社会组织章程开展工作；加强党组自身建设，做好党员的教育管理和发展党员工作，发挥党员的先锋模范作用；领导社会组织精神文明建设和思想政治工作；做好统一战线工作等。

三是开拓社会组织党建工作新模式。随着经济社会的发展，传统以条为主、按行政隶属关系形成的纵向基层党组织建设管理体系，已难以适应社会组织党建需要。要积极探索社会组织党建工作新方式，增强党组的影响力和号召力。尤其是改进党的领导方式，尊重社会组织发展规律，适应社会组织特点，积极引领社会组织发展。[①]

① 黄伟:《以制度创新完善党对社会组织的领导》，载《学习时报》，2015年7月9日第3版。

第七章

社会组织党建要突出政治建设

党的十九大报告把党的政治建设纳入党的建设总体布局，并强调“以党的政治建设为统领”，“把党的政治建设摆在首位”。[①]习近平总书记强调，坚持和加强党的全面领导，把党的政治建设作为党的根本性建设，提出增强推进党的政治建设的自觉性和坚定性。[②]党的二十大报告指出，“加强党的政治建设，严明政治纪律和政治规矩，落实各级党委（党组）主体责任，提高各级党组织和党员干部政治判断力、政治领悟力、政治执行力”。这些论述体现了习近平总书记在坚持党的政治领导、夯实政治根基、涵养政治生态、提高政治能力等方面的高瞻远瞩和深入思考。

第一节　社会组织政治建设的深刻内涵

把党的政治建设作为根本性建设是领导全面建设社会主义现代化国家的现实需要。党的领导是做好党和国家各项工作的根本保证。当今世界正处于百年未有之大变局，我国发展仍然处于重要战略机遇期，压力与挑战并存。

---

① 江金权：《把党的政治建设摆在首位》，载中国共产党新闻网：http://theory.people.com.cn/n1/2017/1116/c40531-29649497.html，最后访问时间2024年4月2日。

② 习近平：《把党的政治建设作为党的根本性建设 为党不断从胜利走向胜利提供重要保证》，载《人民日报》，2018年7月1日第1版。

全面建设社会主义现代化国家必须坚持党的全面领导，抓好社会组织政治建设，把准政治方向、把稳政治立场、把牢政治大局，发挥好价值导航作用。

一、把政治建设摆在首位是新时代党的建设的总要求

坚持党的全面领导，全面从严治党，把党建设得更加坚强有力，是实现中华民族伟大复兴的根本保证。突出政治建设在党的建设中的重要地位是新时代党的建设的鲜明特色，明确了新时代党的建设的根本要求。

中国共产党是马克思主义政党，必须“旗帜鲜明讲政治”。强调“讲政治”，就是要加强党的政治建设，按照马克思主义政党独特的政治属性来教育党员、培养干部、建设组织、培育作风、严明纪律，确保党员对党忠诚，确保我们党不忘初心、牢记使命，始终为中国人民谋幸福、为中华民族谋复兴。

社会组织党组织是党在社会组织中的战斗堡垒，发挥政治核心作用。社会组织党建必须按照新时代党的建设的总要求，把政治建设摆在首位，通过加强政治建设来强化政治功能，使社会组织党组织真正成为党在社会组织中的坚强战斗堡垒，即发挥党组织的政治引领作用，增强党对社会组织和人民群众的政治影响力，引导他们自觉支持和拥护党的领导，确保党的路线、方针、政策的贯彻实施，保证社会组织发展的正确政治方向，巩固和扩大党的执政基础。具体来讲，一是社会组织党组织要宣传和执行党的路线方针政策，宣传和执行党中央、上级党组织和本组织的决议，确保社会组织的组织章程与组织行为与党的路线、方针、政策保持一致；二是社会组织党组织要组织党员群众认真学习党的基本理论，当前就是要深入学习党的二十大精神，用习近平新时代中国特色社会主义思想武装头脑、指导实践、推动工作，在思想上政治上行动上同以习近平同志为核心的党中央保持高度一致；三是社会组织党组织要教育引导党员群众遵守国家法律法规，引导监督社会组织依法执业、诚信从业，引领社会组织始终守法、诚信，更好履行社会组织促进社

会和谐的职责。①

二、加强政治建设才能引领社会组织健康发展

在当前错综复杂的国际国内环境中，我们党在政治上面临诸多严峻挑战。习近平总书记在2021年第十九届中央纪律检查委员会第五次全体会议上强调："全面从严治党首先要从政治上看，不断提高政治判断力、政治领悟力、政治执行力。"②党的十八大以来，党中央在坚定不移推进党风廉政建设和反腐败斗争的同时，也开始着力在政治上从严管党治党，在维护中央权威、坚定政治信仰、强化政治意识、严明政治纪律、严肃党内政治生活、建设良好政治文化、提高党员政治能力等方面综合施策、精确发力，不断净化党内政治生态，为党和国家事业发展取得历史性成就提供了坚强政治保证。要通过加强政治建设，确保党在政治上坚强有力、团结统一，坚决防止党在政治上的涣散，特别是社会组织相对容易受到市场经济负面因素的影响，容易滋生错误的思潮，从而对社会组织党组织强化政治功能、发挥政治核心作用造成不利影响，必须加强政治建设才能切实解决好这些问题。

第二节　加强社会组织党的政治建设新要求

2019年1月，中共中央印发《关于加强党的政治建设的意见》（以下简称

① 阜阳市民政局：《社会组织党建要把政治建设摆在首位》，载阜阳市人民政府：https://www.fy.gov.cn/openness/detail/content/5b299ecf7f8b9a687f88d2a6.html，最后访问时间2024年4月25日。

② 习近平：《充分发挥全面从严治党引领保障作用 确保"十四五"时期目标任务落到实处》，载《人民日报》，2021年1月23日第1版。

《党建意见》)，提出将坚持党的全面领导的要求载入有关社会组织的章程。2019年5月，民政部下发《关于在社会组织登记管理工作中贯彻落实〈中共中央关于加强党的政治建设的意见〉有关要求的通知》，对社会组织加强党的政治建设提出了明确要求，主要内容如下：

1.各地民政部门协同配合有关部门抓好社会组织党组织和党员对《党建意见》内容的学习。要深刻领会加强党的政治建设、坚持党的全面领导是落实新时代党的建设的总要求，是坚决维护党中央权威和集中统一领导的具体要求；是确保我们党始终成为中国特色社会主义事业的坚强领导核心，为实现“两个一百年”奋斗目标和中华民族伟大复兴中国梦的坚强政治保证。

2.自该通知下发之日起，及时要求本级登记的社会团体、基金会、社会服务机构在章程中明确载入坚持党的全面领导的相关表述，社会组织登记管理机关在章程核准时应当加强审查。结合2018年印发的《民政部关于在社会组织章程增加党的建设和社会主义核心价值观有关内容的通知》要求，具体内容可以载入社会组织章程总则部分，统一表述为“本会（基金会、中心、院等）坚持中国共产党的全面领导，根据中国共产党章程的规定，设立中国共产党的组织，开展党的活动，为党组织的活动提供必要条件”。已经按照通知要求进行章程修改的社会组织，也应当按照本通知的要求做进一步修改。社会组织暂时无法召开相应会议的，可以先行在章程中载入上述内容，待相应会议召开时再予以确认，并按照规定办理章程核准手续。

3.把坚持和加强党对社会组织的全面领导与社会组织登记管理各项业务工作紧密结合、相互促进。认真履行民政部门在社会组织党建工作中的“督促推动”职责，巩固深化“两个全覆盖”成果，推进有形覆盖向有效覆盖转化，全面提升社会组织党建工作质量；牢牢把握社会组织改革创新的正确政治方向，确保改革工作有序推进，改革措施落地见效。

4.各地民政部门应当积极协同配合有关部门支持引领、督促检查社会组织党组织及党员切实发挥战斗堡垒和先锋模范作用。要认真按照《中国共产党重大事项请示报告条例》要求，及时请示和报告社会组织工作中的重大事项。

5. 各地民政部门要提高政治站位，强化主体主责意识，切实抓好《党建意见》有关要求的组织实施工作。社会组织登记管理机关要推进社会组织“党建入章”工作，建立党建工作与登记、年检、评估“三同步”机制。

第八章

党的领导与社会组织依法自治

2015年，中共中央办公厅印发《关于加强社会组织党的建设工作的意见（试行）》，强调“坚持党的领导与社会组织依法自治相统一，把党的工作融入社会组织运行和发展过程，更好地组织、引导、团结社会组织及其从业人员”。

第一节　坚持党的领导与社会组织依法自治相统一

坚持党的领导与社会组织依法自治相统一，必须依据党章和党内法规引领社会组织按章程运行、不断提升内部治理效能，引导和支持社会组织依法执业、诚信从业，积极参与社会治理、提供社会服务、承担社会责任。

一、着力增强社会组织党组织的法治意识

社会组织党组织在实际工作中，不仅要强化政治意识，还要养成依法依规的习惯，形成社会组织党建工作的制度思维、权利思维和责任思维，让市场需要、社会化需求在社会组织的资源配置中起决定性作用，减少对社会组织不必要的介入和干预。如果有社会组织负责人对党建工作不理解、不欢迎、不认同，党组织要积极做好相关工作，不能直接硬性要求。社会组织党组织要学会依法处理问题。在处理职工群众与社会组织的矛盾纠纷上，要引导双方采用民

主协商、依法依规的方式解决矛盾，以法律手段维护自身合法权益。[①]

二、创新党对社会组织的领导方式

各级党委要积极发展社会组织党组织，鼓励和引导社会组织党组织形成具有各自特色的治理载体和平台。要依靠非权力性影响力，通过服务社会、凝聚社会力量来实现党对社会组织的领导，特别是发挥好社会组织中“意见领袖”和骨干分子在凝聚、动员和典型引领方面的作用。各级党委要有意识、有选择地将一些社会公益活动委托给有资质的社会组织去做，为社会组织扩大社会影响力提供“补给”，但要防止过多的行政干预。[②]

三、坚持人民主体地位

践行全过程人民民主理念，不断畅通各类群体有序参与内部治理的渠道，让社会组织从业人员享有充分的知情权、参与权、表达权、监督权，确保从业人员诉求得到认真倾听，通过对话、协商等民主方式来达成治理共识，进一步增强社会组织自治制度和基层民主的活力。[③]

四、健全完善内部治理机制

注重完善社会组织依法依规自治制度，完善依法自治工作机制，在参与公共服务和公益慈善事业中广泛实行群众自我管理、自我服务、自我教育、

---

① 寇爽：《社会组织党建的发展沿革、经验探索和路向选择》，载《领导科学》2021年第8期。

② 寇爽：《社会组织党建的发展沿革、经验探索和路向选择》，载《领导科学》2021年第8期。

③ 姚有林：《坚持依章依规依纪 提升社会组织党建工作质量》，载民政部：https://www.mca.gov.cn/n152/n166/c47936/content.html，最后访问时间2024年5月31日。

自我监督。坚持共建共治共享，不断完善学会、协会、商会和基金会、社会服务机构与其所属实体、分支机构、专项基金的内部治理机制，有效协调多元治理主体之间关系，形成综合治理成效。①

五、完善党务、社务、财务公开制度

及时公开“人、财、物、事”等权力运行环节和事项，自觉接受从业人员和社会公众监督。强化基层纪检监察组织与社会组织审计、年检、等级评估、舆情监督等有效衔接，形成监督合力。同时，注重防范和化解重大风险，增强社会组织抗风险、抗危机能力。②

第二节　充分激发社会组织活力，提升社会治理效能

党的二十大报告指出，要“健全共建共治共享的社会治理制度”，“建设人人有责、人人尽责、人人享有的社会治理共同体”。社会组织作为社会治理体系的重要参与者，其发展水平直接影响社会治理效能。近年来，我国社会组织发展成效明显，在推动就业、脱贫攻坚、参与制定国家标准、整合社会资源、深耕社区发展以及预防社会矛盾等方面发挥出功能优势，但也存在一些亟待解决的问题。推动社会组织释放发展活力，实现高质量发展，是“十四五”期间社会组织发展亟须关注的关键议题。

---

① 姚有林：《坚持依章依规依纪 提升社会组织党建工作质量》，载民政部：https://www.mca.gov.cn/n152/n166/c47936/content.html，最后访问时间2024年5月31日。

② 姚有林：《坚持依章依规依纪 提升社会组织党建工作质量》，载民政部：https://www.mca.gov.cn/n152/n166/c47936/content.html，最后访问时间2024年5月31日。

一、完善社会组织党建发展机制，使党建发展与社会组织业务发展协同融合

首先，发挥党建工作政治引领优势，在模范带头人培养、作风建设、发展使命等领域协同融合，可为社会组织发展奠定牢固基础，确保其坚定的政治发展方向。其次，发挥党建工作组织引领优势，与社会组织内部治理、资源整合、社会倡导等领域协同融合，解决社会组织发展过程中资源获取能力短缺、标准化建设缺失、内部治理规范化不足的问题，以促进社会组织业务发展活力提升。最后，发挥党建工作密切联系群众优势，完善“为人民服务”的社会组织党群服务机制，打通服务群众“最后一公里”的通道，将党建工作的成效覆盖百姓生活细微之处，与社会组织的服务成效协同融合。

二、优化社会组织“以评促建”的激励机制

2015年5月，民政部出台了《关于探索建立社会组织第三方评估机制的指导意见》，明确了以评估促改革、促建设、促管理、促发展的指导思想。科学的评估过程会广泛吸引社会组织参评，推动社会组织规模化地健康成长。差异化的评估等级则为社会公众提供具有公信力的服务选择，社会公众可以依据评估认定结果，对社会组织的服务能力、服务水平等信息做出研判。积极的榜样示范效应，可以激励有能力的社会组织获得更广阔的发展平台和机会，赋予社会组织更多合法权益，打造社会组织持续发展的良好生态环境。

三、探索系统化人才培养机制，培育具有本土实务经验及转化能力的社会组织人才队伍

一是通过项目化运作培育职业发展能力，社会组织人才骨干应具备精细

化挖掘社会需求的能力、专业化干预服务过程的能力、科学化评估服务成效的能力。二是前置性培育专业的社会组织管理人才，依托高等教育，设置符合经济社会发展需求的社会组织管理及人才培养课程体系，提升社会组织服务效能。三是完善职业教育体系，从科学管理、人力资源、发展规划、资源整合、项目开发、财务管理等领域，设置进阶式职后人才培育课程内容，扭转社会组织人员跨界转行、专业化训练缺失的发展现状。四是培养社会组织人才协同发展能力，联动基层社区两委委员、社区工作者以及社会多元力量，致力于社区发展和社区服务的协同推进。

四、拓展社会组织资源整合机制，夯实协同治理基础

完善社会组织资源整合机制，有利于社会组织推动社会资源深入系统地介入社会治理过程，有利于社会组织发挥社会需求释放者和社会资源提供者之间的桥梁纽带作用。基层社会治理效能的提升需要多方协同联动，社会治理中坚力量的培育也是在整合协同的治理格局中衍生出来的，应形成系统性的推动社会力量参与基层治理的激励机制和激励手段，培育社会力量协同共治的参与动力。

总之，只有创新和完善社会组织发展机制，才能从根源上激发社会组织活力和公共服务活力，合理发挥社会组织在第三次分配中的作用，扎实建设社会治理共同体，提升社会治理效能，为实现共同富裕提供更多可能。[①]

---

① 张娜：《激发社会组织活力 提升社会治理效能》，载中国社会科学网：https://www.cssn.cn/skgz/bwyc/202306/t20230628_5663675.shtml，最后访问时间2024年5月31日。

第三节 打造社会治理共同体，融合推进基层治理现代化

一个现代化的社会，应该既充满活力又拥有良好秩序，呈现出活力和秩序的有机统一。习近平总书记指出，要完善基层群众自治机制，调动城乡群众、企事业单位、社会组织自主自治的积极性，打造人人有责、人人尽责的社会治理共同体。[①]基层强则国家强，基层安则天下安。新时代新征程，在党的领导下用心用情用力打造人人有责、人人尽责的社会治理共同体，成为当前基层治理的重大课题。随着信息化、智能化技术的快速发展，坚持和完善共建共治共享社会治理制度，推动智能化和数字化发展，团结各方力量开展合作治理，成为不断推进基层治理现代化的重要基石。

一、推进社会治理共同体的要素融合

2020年8月，习近平总书记在经济社会领域专家座谈会上指出，“以共建共治共享拓展社会发展新局面”[②]。完善共建共治共享的社会治理制度，实现政府治理同社会调节、居民自治良性互动，建设人人有责、人人尽责、人人享有的社会治理共同体。这一要求体现了党领导下多方参与、共同治理的理念，是社会治理理念、治理体制和治理方式的重大创新。从实践来看，社会治理共同体是为更好满足社会治理手段的转型升级需求而提出来的，其要义是共建共治共享和智能创新。我们要通过建立健全共建共治共享机制，提升网格

① 习近平：《全面深入做好新时代政法各项工作 促进社会公平正义保障人民安居乐业》，载《人民日报》，2019年1月17日第1版。

② 《习近平在经济社会领域专家座谈会上的讲话》，载《人民日报》，2020年8月25日第2版。

化的运行机制与治理效能，同时发挥科技创新作用，以数字化赋能推动个人、各级各类组织与社会治理共同体的协同共进。

具体而言，社会治理共同体是多元主体基于行动交换、信息共享、价值共创的责任共同体。随着科学技术的发展与智能社会的到来，社会治理共同体成为运用智能化技术、信息化手段和数字化治理来凝聚共识挖掘合力、增强信任与韧性的重要载体，从而不断提高基层治理效率和质量。社会治理共同体是协调多种治理手段激励社会力量参与公共服务和公共政策过程的合作共同体，覆盖文化教育、医疗卫生、社会保障等服务和政策，能够有效拓展全过程人民民主与社会善治的路径。社会治理共同体是促进人人参与经济社会领域高质量发展的互动共同体和利益共同体，辐射到家庭、社区、乡村、城市以及网络空间等不同场域，涵盖社会组织、公共服务、公共安全、社会信用、防灾减灾救灾体系等，能够通过社会治理共同体成员之间的良性互动和高效参与，提升治理能力和治理现代化水平。推进社会治理共同体运行的规范化、标准化和科学化，可以更好适应人的全面发展与社会治理手段转型升级需求的协调，提高人与环境的共生能力，实现高效能治理。

二、着力解决基层治理现代化的主体协同问题

推进基层治理现代化是一项综合性的社会系统工程，涉及治理理念更新、治理体系建设、治理能力提升、治理环境营造诸多方面和环节。当前战略机遇与风险挑战并存、不确定难预料因素增多，社会利益主体多元化和社会流动因素增多等因素，必然给基层社会治理带来一系列新课题新挑战。

一是如何适应广大人民群众日益增长的物质生活、精神生活和社会生活等层面的美好生活需要，多措并举应对老龄化等趋势与现象，破解社会力量参与度偏低、社会组织公信力不足、参与社会治理创新体制机制不健全等问题。二是如何应对多元治理主体协同问题，社会治理共同体涉及政府、企业、

社会组织、公众等多元主体，不同主体之间的利益诉求、价值观差异较大，推进协同合作是社会治理难点。三是如何应对社会治理创新与信息化带来的机遇与挑战。社会治理共同体建设要适应新形势下基层治理变革和发展需求，而与基层治理相匹配的信息化系统和技术方面仍然存在信息不透明、数据安全风险、隐私保护等问题，人工智能、大数据、5G、区块链等新技术如何与基层治理和服务体系深度融合，是智慧社区建设的当务之急。四是如何应对治理人才不足、人才结构单一等问题与挑战。社会治理共同体建设需要热情热心、跨学科、跨领域、跨行业的复合型治理人才参与，以延长治理链条，拓展服务广度，但当前社会工作者的选育管用留等仍存在不足，建立健全社会治理共同体建设所需人才的选育管用留机制与政策，才能让更多优秀人才干事有舞台、成才有机会、发展有空间。

三、多方联动赋能基层治理现代化

加强和创新社会治理，实现基层治理现代化，必须通过“政—社—企”联动加快推进社会治理共同体建设，促进基层治理秩序的良性发展与社会的和谐稳定。

健全社会治理共同体机制，形成共同参与治理的合力。加强社会共建共治共享制度建设，完善分类治理制度和公平公正治理机制，促进政策协同，提高人人参与社会治理的效率和效果。构建社会治理长效机制及其保障体系，包括健全社会治理框架和服务机制，提高其规范性和有效性，加强监督机制和舆论监督，依法纠正治理中的不当行为。统筹规划各方面的资源和力量，通过多方治理主体的平衡协调、利益共同体的完善、人人参与和民主监督的推进、治理模式的应用创新以及社会治理平台的智能化等相互促进，最大限度实现社会治理的公平正义。

发挥党建引领功能，培育共同体意识，加强治理网络建设，扩充多元主体共同参与治理的载体。发挥党组织的政治功能和组织功能，培育多元主体共同参与社会治理的意识。这要求基层党组织发挥战斗堡垒作用，实现社区微更新、发展“基础便民型+品质提升型”商业业态，营造创业场景。推动多元治理主体共建共治共享，鼓励社会各界积极主动发挥协同治理功能，健全社会治理共同体的组织网络。加强党建引领社会力量参与，营造和谐稳定的社会治理共同体发展环境，促进社区、社会企业、社会组织与社区居民通力合作，提升基层治理效能。

聚焦培养高素质治理人才，创新治理方式，探索符合不同居民实际需求的基层治理模式，增强适应性和针对性。一方面，完善高水平人才培养体系，提高基层治理人才的素质和能力；使用新技术和新工具，建立人才梯队，培养高素质、专业化、具有创新能力的专业人才和复合型人才，健全基层治理人才的评价考核，做好人才储备。另一方面，充分发挥行政机制、市场机制和志愿者机制优势，培育基层治理所需的群众工作队伍、志愿服务队伍、社会工作队伍、应急管理队伍，充分激发社会活力，广泛凝聚社会共识，积极发挥各种社会力量的作用。

坚持开放共享原则，优化信息化建设，提高社会治理共同体的影响力。健全信息公开制度，实现社会事务公开、资源共享、决策透明等，完善公正、高效、便民的治理服务体系，发挥智慧大脑的作用，提升社会服务能力和治理效率。加强信息化管理，推动社会信息公开共享，提高数字治理效率、效果和质量，为社会治理共同体建设提供支撑和保障。①

---

① 刘琼莲：《打造社会治理共同体 推进基层治理现代化》，载《光明日报》，2024年1月11日第6版。

第九章

党的二十大关于党的建设新部署新要求

党的二十大报告提出，“从现在起，中国共产党的中心任务就是团结带领全国各族人民全面建成社会主义现代化强国、实现第二个百年奋斗目标，以中国式现代化全面推进中华民族伟大复兴”，并从七个方面对深入推进新时代党的建设新的伟大工程作出战略部署，赋予了党的建设和组织工作新使命、新任务和新要求，是加强新时代党的建设的根本遵循。

第一节　深入推进新时代党的建设新的伟大工程

治国必先治党，党兴才能国强。党的十八大以来，以习近平同志为核心的党中央提出并实施了新时代党的建设新的伟大工程，使走过百年奋斗历程的中国共产党在革命性锻造中更加坚强有力，更加充满活力。党的二十大对坚定不移全面从严治党、深入推进新时代党的建设新的伟大工程作出重要部署，强调“必须时刻保持解决大党独有难题的清醒和坚定”，为新时代加强党的建设指明了方向、提供了遵循。

一、新时代党的建设新的伟大工程的提出

把党的建设作为一项伟大工程来推进，是我们党的一大创举，是我们党

领导人民进行伟大社会革命的重要法宝。以毛泽东同志为主要代表的中国共产党人，通过实施党的建设伟大工程，领导中国人民夺取新民主主义革命伟大胜利，完成社会主义革命和推进社会主义建设。党的十一届三中全会后，党中央继续推进党的建设新的伟大工程，确保我们党成为中国特色社会主义的坚强领导核心，为党领导人民创造改革开放和社会主义现代化建设的伟大成就提供了强大政治保证。

党的十八大以来，以习近平同志为核心的党中央统筹中华民族伟大复兴战略全局和世界百年未有之大变局，旗帜鲜明提出坚持和发展中国特色社会主义要一以贯之，推进党的建设新的伟大工程要一以贯之。习近平总书记强调："要把新时代坚持和发展中国特色社会主义这场伟大社会革命进行好，我们党必须勇于进行自我革命，把党建设得更加坚强有力。""在统揽伟大斗争、伟大工程、伟大事业、伟大梦想中，起决定性作用的是新时代党的建设新的伟大工程。"习近平总书记指出，新时代党的建设任务是十分艰巨的。一方面，决胜全面建成小康社会的艰巨任务、实现中华民族伟大复兴的历史使命，对我们党提出了前所未有的新挑战新要求。另一方面，影响党的先进性、弱化党的纯洁性的各种因素具有很强的危险性和破坏性，党面临的执政考验、改革开放考验、市场经济考验、外部环境考验将是长期的、复杂的，党面临的精神懈怠危险、能力不足危险、脱离群众危险、消极腐败危险将是尖锐的、严峻的。这两方面的现实决定了新时代党的建设新的伟大工程，既要培元固本，也要开拓创新，既要把住关键重点，也要形成整体态势，特别是要发挥彻底的自我革命精神。[①]这里，在"党的建设新的伟大工程"之前加上"新时代"三个字，无疑是具有深刻含义的。2021年，在庆祝中国共产党成立100周年大会上的讲话中，习近平总书记明确提出要"以党的政治建设为统领，继

① 习近平：《推进党的建设新的伟大工程要一以贯之》，载《求是》2019年第19期。

续推进新时代党的建设新的伟大工程”[①]。党的十九届六中全会通过的《中共中央关于党的百年奋斗重大成就和历史经验的决议》，先后使用了“党的建设伟大工程”“党的建设新的伟大工程”“新时代党的建设新的伟大工程”的表述，强调“继续推进新时代党的建设新的伟大工程”。在党的二十大上，习近平总书记明确提出“坚定不移全面从严治党，深入推进新时代党的建设新的伟大工程”，并对新时代新征程上如何深入推进新时代党的建设新的伟大工程作出战略部署。总之，以习近平同志为核心的党中央旗帜鲜明坚持和加强党的全面领导，作出全面从严治党的战略部署，提出并深入贯彻新时代党的建设总要求，以党的政治建设为统领全面加强党的建设，推动新时代党的建设新的伟大工程取得历史性成就，为创造新时代中国特色社会主义的伟大成就提供了强大保证。

中国共产党领导中国革命、建设、改革的奋斗历程表明，“新时代党的建设新的伟大工程”与“党的建设伟大工程”、“党的建设新的伟大工程”既一脉相承，又与时俱进，确保了我们党始终走在时代前列、更加团结统一。

二、新时代党的建设新的伟大工程的丰富内涵

党的十八大以来，以习近平同志为核心的党中央立足党和国家新的历史方位，围绕建设什么样的长期执政的马克思主义政党、怎样建设长期执政的马克思主义政党这一重大时代课题，对推进新时代党的建设进行了深邃思考和战略擘画，提出一系列原创性的新理念新思想新战略，形成了实施和推进新时代党的建设新的伟大工程的基本方略，为新时代全面加强党的建设提供了根本遵循。

---

① 习近平：《在庆祝中国共产党成立100周年大会上的讲话》，载《人民日报》，2021年7月2日第2版。

（一）明确了新时代党的建设的根本原则

这个根本原则，就是坚持和加强党的全面领导。中国共产党领导是中国特色社会主义最本质的特征，是中国特色社会主义制度的最大优势，是我们战胜前进道路上一切风险挑战的“定海神针”。坚持党的全面领导是坚持和发展中国特色社会主义的必由之路。党的建设要紧紧围绕这个根本性的大原则、大道理来展开，任何时候、任何情况下都不能偏离。

（二）明确了全面从严治党的战略方针

针对一度出现的管党不力、治党不严问题，习近平总书记明确提出，打铁必须自身硬，办好中国的事情，关键在党，关键在党要管党、全面从严治党。[①]党的二十大报告指出，全面从严治党是党永葆生机活力、走好新的赶考之路的必由之路。推进新时代党的建设新的伟大工程，必须始终坚持全面从严治党永远在路上，党的自我革命永远在路上，决不能有松劲歇脚、疲劳厌战的情绪，推进全面从严治党向纵深发展。

（三）明确了新时代党的建设的精神之魂

坚持真理、坚守理想，践行初心、担当使命，不怕牺牲、英勇斗争，对党忠诚、不负人民的伟大建党精神，是中国共产党的精神之源。推进新时代党的建设新的伟大工程，必须弘扬光荣传统、赓续红色血脉，永远把伟大建党精神继承下去，确保党永远不变质、不变色、不变味。

（四）明确了新时代党的建设的主线

党的十八大报告把加强党的执政能力建设、先进性和纯洁性建设作为党

---

① 《中共中央关于党的百年奋斗重大成就和历史经验的决议》，载《人民日报》，2021年11月17日第1版。

的建设主线，党的十九大报告提出“以加强党的长期执政能力建设、先进性和纯洁性建设为主线”，突出了“长期执政能力建设”的要求。这条主线，蕴含着我们党对中华民族千秋伟业的深远考量，揭示了马克思主义执政党建设的本质要求，是党的建设的生命线，必须贯穿于新时代党的建设新的伟大工程的始终。

（五）明确了新时代党的建设总目标

我们党在不同历史时期，总是根据人民意愿和事业发展需要提出富有感召力的奋斗目标和与之相适应的党的建设目标。进入新时代，我们党与时俱进地提出，要“把党建设成为始终走在时代前列、人民衷心拥护、勇于自我革命、经得起各种风浪考验、朝气蓬勃的马克思主义执政党”。这集中体现了党的性质、宗旨、纲领，体现了新时代中国共产党人的价值取向、政治定力、使命担当。[①]

三、深入推进新时代党的建设新的伟大工程的任务要求

全面建设社会主义现代化国家、全面推进中华民族伟大复兴，关键在党。党的二十大报告对深入推进新时代党的建设新的伟大工程作出全面部署、提出明确要求。深入推进新时代党的建设新的伟大工程，必须全面贯彻落实党的二十大部署和要求，不断开辟以党的自我革命引领社会革命的新境界。

时刻保持解决大党独有难题的清醒和坚定。当前，世界百年未有之大变局加速演进，世界之变、时代之变、历史之变正以前所未有的方式展开。同时，中华民族伟大复兴进入关键时期，改革发展稳定任务之重、矛盾风险挑

① 刘靖北：《深入推进新时代党的建设新的伟大工程》，载河北机关党建网：http://www.hbjgdjw.gov.cn/Template/content.html?id=15273，最后访问时间2024年5月31日。

战之多、治国理政考验之大都前所未有。这些都对新时代新征程党的建设提出了一系列新课题新挑战。经过十八大以来全面从严治党，我们解决了党内许多突出问题，但党面临的“四大考验”“四种危险”将长期存在。2023年1月，习近平总书记在二十届中央纪委二次全会上指出：“全面从严治党永远在路上，要时刻保持解决大党独有难题的清醒和坚定。如何始终不忘初心、牢记使命，如何始终统一思想、统一意志、统一行动，如何始终具备强大的执政能力和领导水平，如何始终保持干事创业精神状态，如何始终能够及时发现和解决自身存在的问题，如何始终保持风清气正的政治生态，都是我们这个大党必须解决的独有难题。解决这些难题，是实现新时代新征程党的使命任务必须迈过的一道坎，是全面从严治党适应新形势新要求必须啃下的硬骨头。”[①]我们党作为世界上最大的马克思主义执政党，要始终赢得人民拥护、巩固长期执政地位，必须时刻保持解决大党独有难题的清醒和坚定，一刻不停地推进全面从严治党，一刻不停地进行自我革命，使党始终成为风雨来袭时全体人民最可靠的主心骨，确保中国式现代化建设正确方向，确保拥有团结奋斗、共克时艰的磅礴力量。

坚持加强党的全面领导和党中央集中统一领导。党的二十大报告全篇贯穿加强党的全面领导，强调坚持党的全面领导是坚持和发展中国特色社会主义的必由之路，党的领导是全面的、系统的、整体的，必须全面、系统、整体加以落实。坚持党的全面领导，最根本的是坚定拥护“两个确立”、坚决做到“两个维护”，坚决维护习近平同志党中央的核心、全党的核心地位，坚决维护党中央权威和集中统一领导。要进一步健全总揽全局、协调各方的党的领导制度体系，完善党中央重大决策部署落实机制，确保党的领导落实到党和国家事业各领域各方面各环节。要进一步加强党的政治建设，严明政治纪律和政治规

① 习近平：《一刻不停推进全面从严治党 保障党的二十大决策部署贯彻落实》，载《人民日报》，2023年1月10日第1版。

矩，落实各级党委（党组）主体责任，提高各级党组织和党员干部政治判断力、政治领悟力、政治执行力，引导党员、干部做政治上的明白人，自觉做到党中央提倡的坚决响应，党中央决定的坚决执行，党中央禁止的坚决不做，把坚定拥护“两个确立”、坚决做到“两个维护”转化为听党指挥、为党尽责的实际行动。

坚持不懈用习近平新时代中国特色社会主义思想武装全党。要把用党的创新理论武装全党作为党的思想建设的根本任务，坚持理论武装同常态化长效化开展党史学习教育相结合，加强理想信念教育，特别要把握好习近平新时代中国特色社会主义思想的世界观和方法论，坚持好、运用好贯穿其中的立场、观点、方法，把习近平新时代中国特色社会主义思想转化为坚定理想、锤炼党性和指导实践、推动工作的强大力量。

全面贯彻落实新时代党的组织路线。新时代党的组织路线是历史的也是现实的、是理论的也是实践的，必须在推进新时代党的建设新的伟大工程、全面从严治党的实践中切实贯彻落实。各级党组织都要增强政治功能和组织功能，认真履行党章赋予的各项职责，贯彻落实好党的路线方针政策和党中央决策部署，织密建强上下贯通、执行有力的党的组织体系，特别是要坚持大抓基层的鲜明导向，把基层党组织建设成为有效实现党的领导的坚强战斗堡垒。要建设堪当民族复兴重任的高素质干部队伍，坚持把政治标准放在首位，落实新时代好干部标准，深化干部制度改革，抓好后继有人这个根本大计，着力建设一支政治过硬、适应新时代要求、具备领导现代化建设能力的干部队伍。要深入实施人才强国战略，加快建设世界重要人才中心和创新高地，加快建设国家战略人才力量，不断强化现代化建设人才支撑。

坚定不移推动全面从严治党向纵深发展。要完善党的自我革命制度规范体系，坚持制度治党、依规治党，以党章为根本，以民主集中制为核心，完善党内法规制度体系，形成坚持真理、修正错误，发现问题、纠正偏差的机制，健全党统一领导、全面覆盖、权威高效的监督体系，落实全面从严治党政治责任。要继续纠治享乐主义、奢靡之风，把握作风建设地区性、行业性、阶段性特点，抓住普遍发生、反复出现的问题深化整治，推进作风建设常态化长效化。要把纠治形式主义、官僚主义摆在更加突出位置，作为作风建设的重点任务，研究针对性举措，科学精准靶向整治，动真碰硬、务求实效。要把不敢腐、不能腐、不想腐有效贯通起来，三者同时发力、同向发力、综合发力，把不敢腐的震慑力、不能腐的约束力、不想腐的感召力结合起来。①

第二节 全面把握党的二十大关于党的建设新论断新部署新要求

党的二十大立足百年奋斗历程和经验，总结过去十年伟大变革、着眼新时代新征程目标任务，在党的建设上形成了一系列新认识新论断、作出了一系列新部署新要求、提出了一系列新任务新举措。

一、深刻把握习近平新时代中国特色社会主义思想的世界观和方法论

党的二十大报告提到“六个必须坚持”。这“六个必须坚持”，深刻揭示了习近平新时代中国特色社会主义思想的理论品格和鲜明特质，构成了相互联系、内在统一的有机整体，集中诠释了习近平新时代中国特色社会主义思想的世界观和方法论，既是深刻理解这一科学思想必须牢牢把握的基本点，也是继

① 刘靖北：《深入推进新时代党的建设新的伟大工程》，载河北机关党建网：http://www.hbjgdjw.gov.cn/Template/content.html?id=15273，最后访问时间2024年5月31日。

续推进理论创新必须始终坚持的基本点。坚持人民至上是对马克思主义政党政治属性和政治功能理论的丰富发展，坚持自信自立是对马克思主义理论自信精神的丰富发展，坚持守正创新是对马克思主义认识论和唯物辩证法的丰富发展，坚持问题导向是对马克思主义从问题出发思维方法的丰富发展，坚持系统观念是对马克思主义系统观的丰富发展，坚持胸怀天下是对马克思主义为全人类谋利益崇高价值追求的丰富发展。要认真领悟"六个必须坚持"贯穿的根本政治立场、重大原则方向、强烈政治担当、崇高精神境界、科学思想方法和工作方法，真正把握习近平新时代中国特色社会主义思想的世界观和方法论，不断提出真正解决党建问题的新理念新思路新办法。

二、深刻理解党的二十大关于党的建设的新认识新论断

党的二十大报告在总结长期以来党的建设理论和实践经验基础上，形成了一系列新认识、作出了一系列新论断。比如，在党的地位作用上，党的二十大报告作出了"全面建设社会主义现代化国家、全面推进中华民族伟大复兴，关键在党"的新论断；在党的执政宗旨上，党的二十大报告作出了"为民造福是立党为公、执政为民的本质要求"的新论断；在党的领导上，党的二十大报告作出了"党的领导是全面的、系统的、整体的，必须全面、系统、整体加以落实"的新论断；在党面临的自身问题上，党的二十大报告作出了"我们党作为世界上最大的马克思主义执政党，要始终赢得人民拥护、巩固长期执政地位，必须时刻保持解决大党独有难题的清醒和坚定"的新论断；在反腐败斗争上，党的二十大报告作出了"腐败是危害党的生命力和战斗力的最大毒瘤，反腐败是最彻底的自我革命。只要存在腐败问题产生的土壤和条件，反腐败斗争就一刻不能停，必须永远吹冲锋号"的新论断；等等。对这些新认识新论断，我们需要反复学习，深刻理解其中蕴含的理论意义和实践意义。

三、深入落实党的二十大关于党的建设提出的新部署新任务新要求

党的二十大报告立足新时代全面从严治党取得的重大成果，着眼党和国家事业发展面临的新形势新挑战和新时代新征程党的使命任务，以坚如磐石的政治定力对持之以恒推进全面从严治党、深入推进新时代党的建设新的伟大工程提出了全面系统的新部署新任务新要求。比如，在党的建设根本方针上，党的二十大报告提出了“全党必须牢记，全面从严治党永远在路上，党的自我革命永远在路上，决不能有松劲歇脚、疲劳厌战的情绪，必须持之以恒推进全面从严治党，深入推进新时代党的建设新的伟大工程，以党的自我革命引领社会革命”的新要求。在党的建设总体布局上，党的二十大报告提出了继续“落实新时代党的建设总要求”的新部署，并提出了七项新任务。在坚持党的全面领导上，党的二十大报告提出了“健全总揽全局、协调各方的党的领导制度体系，完善党中央重大决策部署落实机制”“完善党中央决策议事协调机构，加强党中央对重大工作的集中统一领导”“创新和改进领导方式，提高党把方向、谋大局、定政策、促改革能力”等。在党的组织建设上，党的二十大报告作出了“增强党组织政治功能和组织功能”“把基层党组织建设成为有效实现党的领导的坚强战斗堡垒”等一系列新部署，提出了“抓党建促乡村振兴，加强城市社区党建工作”“全面提高机关党建质量，推进事业单位党建工作。推进国有企业、金融企业在完善公司治理中加强党的领导，加强混合所有制企业、非公有制企业党建工作，理顺行业协会、学会、商会党建工作管理体制。加强新经济组织、新社会组织、新就业群体党的建设”等一系列新任务新举措。需要紧密结合工作实际，把党的建设的新部署新要求、新任务新举措落实好。①

① 李智勇：《全面学习贯彻党的二十大关于党的建设新部署新要求 为推进新时代党的建设新的伟大工程贡献智慧和力量——在全国党建研究会学习贯彻党的二十大精神座谈会上的讲话》，载《组织人事报》2022年12月1日第3、9版。

第三节　加强“两新”组织和新就业群体党的建设

党的二十大报告指出：“加强新经济组织、新社会组织、新就业群体党的建设。”这是针对党的建设的新领域、新阵地、新课题提出的重要要求，对坚持和加强党的全面领导、完善社会治理、巩固党的执政基础，具有重要意义。

一、增强党在新兴领域的号召力、凝聚力、影响力，巩固党执政的阶级基础、群众基础、社会基础

严密的组织体系是党的优势所在、力量所在。近年来，随着社会主义市场经济发展和政府职能转变，我国新经济组织、新社会组织日渐壮大，以平台经济为代表的新业态蓬勃兴起，聚集了大量新就业群体。这些领域发展模式新、组织形态新、运行方式新、更新迭代快，是发展迅速、规模巨大、渗透力强、非常活跃的领域。加强基层党组织建设，必须紧盯经济组织、社会组织形态的新变化，高度关注新业态发展，坚持网上网下结合，织密党的组织网络，扩大党的组织和工作覆盖，做好新就业群体的思想引导和凝聚服务工作，不断巩固党的执政基础。①

二、完善社会治理体系、防范化解社会领域风险

新经济组织、新社会组织、新业态迅速发展，在促进经济发展、繁荣社

① 《党的二十大报告学习辅导百问》，党建读物出版社、学习出版社2022年版，第232页。

会事业、创新社会治理、提供公共服务等方面发挥着日益重要的作用，同时又会带来一定的社会风险。比如，互联网是当前宣传思想工作的主阵地。这个阵地党不去占领，其他势力就会去占领；这部分人党不去团结，其他势力就会去拉拢。解决这些问题，既要健全规则制度，提升监管能力，更要注重发挥党的领导、党的建设独特优势，建立看得见、统得起、管得住的体制机制，构建条块结合、上下联动的党建工作体系，引导新经济组织、新社会组织、新就业群体健康发展。[①]

三、走好新时代党的群众路线、做好群众工作

新经济组织、新社会组织中的知识分子，如律师、会计师、评估师、税务师等专业人士，是改革开放以后成长起来的社会群体。新就业群体是美好生活的追求者、创造者、守护者，也是社会治理可以依靠的重要力量。各级党组织要坚持以人民为中心，把握新业态、新就业群体“新”在哪里、“变”在哪里，加强政治引领，主动联系服务，保障他们的合法权益，把新就业群体紧紧团结凝聚在党组织周围，为实现人民对美好生活的向往而奋斗。[②]

第四节　中国式现代化新征程中的社会组织及其未来发展趋势

新时代赋予新使命，新发展提出新要求；新时代谋求新作为，新属性召唤新动能。2021年3月发布的《中华人民共和国国民经济和社会发展第十四

---

① 《党的二十大报告学习辅导百问》，党建读物出版社、学习出版社2022年版，第232—233页。
② 《党的二十大报告学习辅导百问》，党建读物出版社、学习出版社2022年版，第233页。

个五年规划和2035年远景目标纲要》提出了“积极参与全球治理体系改革和建设”等目标，为我国社会组织勇担中国式现代化的时代使命，聚精会神加快构建新发展格局，探索进入国际化发展轨道提供了重要契机。

一、中国式现代化新征程中的社会组织发展方向

党的二十大报告明确指出：“从现在起，中国共产党的中心任务就是团结带领全国各族人民全面建成社会主义现代化强国、实现第二个百年奋斗目标，以中国式现代化全面推进中华民族伟大复兴。”

中国式现代化具备五大基本特征。一是人口规模巨大的现代化，随着中国现代化进程的加深，“人口规模巨大”既是挑战也是机遇。二是全体人民共同富裕的现代化，实现共同富裕是中国特色社会主义的本质要求。三是物质文明和精神文明相协调的现代化，物质富足和精神富有两手抓。四是人与自然和谐共生的现代化，必须坚持可持续发展。五是走和平发展道路的现代化，在坚定维护世界和平与发展中谋求自身发展。[①]了解这五大特征以后，社会组织可以思考，在中国式现代化征程中，围绕不同的发展任务，社会组织可以做什么、发挥什么样的作用。

在中国式现代化建设的过程中，社会组织最重要的是在基本实现国家治理体系和治理能力现代化、健全全过程人民民主制度、促进全体人民共同富裕中发挥自己独特的作用。

2021年民政部印发的《“十四五”社会组织发展规划》明确，到2025年，社会组织发展要做到四个“更加”：社会组织党建工作管理体制和工作机制更加完善、社会组织管理体制更加健全、社会组织制度更加完善、社会组织发展格局更加定型。该规划还设置了社会组织相关发展预期指标，包括壮大专

① 曲青山：《深刻理解中国式现代化五个方面的中国特色》，载《求是》2023年第16期。

职工作人员队伍、增加社会组织固定资产、提升获3A及以上社会组织的占比、健全法人治理结构等。从以上的目标和指标中可以看到党和政府对于社会组织有着什么样的期盼，社会组织的发展方向也进一步得以明确。

二、中国式现代化新征程中社会组织面临的两大任务

党的二十大报告中有许多关于社会组织的表述，如理顺行业协会、学会、商会党建工作管理体制，加强新经济组织、新社会组织、新就业群体党的建设，完善志愿服务制度和工作体系，等等。在报告中，最能反映社会组织在新征程中历史任务有两个方面：

一是社会组织促进第三次分配和共同富裕。党的十九届四中全会、十九届五中全会、中央财经委员会第十次会议都对发挥第三次分配作用、促进慈善事业发展有相关阐述。党的二十大报告强调，构建初次分配、再分配、第三次分配协调配套的制度体系，引导、支持有意愿有能力的企业、社会组织和个人积极参与公益慈善事业。

第三次分配，是指人们完全出于自愿的、相互之间的捐赠和转移收入，比如对公益事业的捐献，这既不属于市场的分配，也不属于政府的分配，而是出于道德力量的分配，依赖的是人们自觉自愿的捐赠和慈善行为。①

在三次分配中，政府、企业和社会组织都承担着不同的功能和角色。其中，对社会组织而言，其功能便是承接部分政府转移职能，扮演服务供给角色，韧性融入基层治理格局，并发挥资源协调的角色吸纳社会力量广泛参与。在这个过程中，社会组织所获得的空间、领域与资源将会超过历史任何时期，能够提供越来越多的互益事务与公益事务，这也意味着社会组织肩上的责任将会更重。

---

①　孙春晨：《第三次分配彰显道德之光》，载《光明日报》，2021年10月25日第15版。

二是社会组织与民主协商。2013年11月，中国共产党第十八届中央委员会第三次全体会议通过《中共中央关于全面深化改革若干重大问题的决定》，提出要推进协商民主广泛多层制度化发展，拓宽社会组织协商渠道，加强社会组织民主机制建设。2015年，中共中央印发《关于加强社会主义协商民主建设的意见》，指出要逐步探索社会组织协商。党的二十大报告指出，协商民主是实践全过程人民民主的重要形式，要完善协商民主体系，统筹推进包含社会组织协商在内的多种协商形式。这说明社会组织协商是社会主义协商民主中不可缺少的重要组成部分。从目前的实践情况来看，社会组织协商处于起步阶段，还有很大的探索空间。因此，可以进一步去思考：社会组织如何有效参与民主协商，包括社会组织内部协商、社会组织间的协商、政社协商等；协商体系有哪些组成部分，如何处理好各部分之间的关系；通过协商，社会组织将会产生什么样的社会政治影响。

三、中国式现代化新征程中社会组织高质量发展的新趋势

一是明确社会组织的法律地位和正当权益。强调社会组织权利与义务的对等性。这里涉及的是关于社会组织的观念的改变。在传统认知中，对于社会组织，就是要强调其对社会的付出与奉献。但从可持续发展的角度出发，社会组织的权利保障也同样重要，包括完善非营利免税资格、公益性捐赠税前扣除资格、税收减免、土地和金融等相关政策，才能更好地激励社会组织健康持续发展。

二是全面提升社会组织内部运行水平。做到治理规范、决策科学；运行高效、流程顺畅；使命一致、人员专业；信息通达、沟通便利；项目创新、品牌提升，包括机构品牌和公益项目品牌的影响力打造；利用数字赋能，做到智慧办公。

三是重构外部关系，提高绩效影响力。赢得政府信任，社会组织所参与

的公共服务都与政府有关联，要积极主动地与相关政府部门进行沟通。获取社会声誉，社会声誉是社会组织安身立命的基础，要树立正向积极的形象，主动维护社会关系。进行持续传播，建立与媒体的良好关系，通过各类自媒体平台进行机构活动的日常传播。借鉴商业模式，学习好的企业理念和思维方式，提升社会组织管理绩效。发挥智库功能，为政府提供决策咨询、理论研究等服务。

四是多维度强化创新探索，主要在以下六个方面持续发展：

第一，加快区域性社会组织协同发展。例如，京津冀、长三角、珠三角等区域要借助平台组织的力量，加强区域内社会组织的学习交流与合作联动，提升社会组织的整体影响力，构建良好区域社会组织生态环境。各区域间的社会组织也要协同沟通、相互学习与借鉴。

第二，激发社区活力。建立健全五社联动机制，广泛联动社区、社会组织、社会工作者、社区志愿者、社会慈善资源积极参与社区治理。推动社工站、社区基金会、社区服务中心、慈善超市、社会企业等多种组织的发展，开展社区多种类型的服务，促进社区联结。

第三，加快职业化建设。《中华人民共和国职业分类大典（2022年版）》中已经有社会工作者、社会组织专业人员、社团会员管理员、劝募员等相关职业，要不断加快专业人才队伍建设，推动社会组织专业化、职业化水平提升。

第四，为政府提供决策咨询服务，履行社会智库职责。2015年，中共中央办公厅、国务院办公厅印发《关于加强中国特色新型智库建设的意见》。2017年，民政部等部门联合印发《关于社会智库健康发展的若干意见》，规范和引导社会智库有序发展。传统的社会组织多是为社会提供服务，为政府提供服务的很少，而这里讲的社会智库须以战略问题和公共政策为主要研究对象，以服务党和政府科学民主依法决策为宗旨。

第五，充分发挥行业协会商会在市场建设中的作用。例如，苏州市2022年发布了《关于强化机制推进产业创新集群和新兴服务业细分领域发展的工作意见》，其中明确，在产业创新集群和新兴服务业的重点细分领域都要成立一个行业协会，为行业发展提供产学研合作、技术研发支持、产业人才培养。

第六，借助“一带一路”倡议，推动社会组织走出去，开展公益慈善服务，为“一带一路”沿线企业提供外部支持和服务，有条件有能力的社会组织可申请联合国经社理事会咨商地位，积极参与全球治理体制建设。

总的来讲，社会组织在中国式现代化建设中发挥着不可或缺的作用，同时，社会组织也是坚持和完善共建共治共享社会治理制度的重要力量，在社会治理中要让社会组织充分发挥作用，同时社会组织自身要克服诸多困难，避免“坐”“等”“要”，一件事一件事“做起来”，在社会中赢得应有的社会地位。社会组织在产业集群、区域发展、智库建设、“一带一路”建设等方面可以发挥重要作用，要打破传统思维和习惯，勇于创新，“闯起来”，贡献社会组织独特的智慧与能力。[①]

① 徐家良：《中国式现代化新征程中的社会组织与未来发展趋势》，微信公众号“成都市社会组织促进会”2023年12月13日。

第二编

全面加强律师行业党的建设

党的十八大以来，我国律师事业创新发展，律师工作取得新的成效。广大律师把拥护中国共产党领导，拥护社会主义法治作为从业基本要求，不断加强党的建设。律师行业坚持以习近平新时代中国特色社会主义思想为指导，深入学习贯彻习近平法治思想，习近平总书记关于“努力做党和人民满意的好律师”重要指示精神，积极践行司法部党组对广大律师提出的“五点希望”，把党建工作作为一项“铸魂”工程，坚持抓党建带队建促发展，着力推进党的组织和党的工作全覆盖，充分发挥党组织战斗堡垒作用和党员先锋模范作用，有力引领高素质律师队伍建设，为律师行业健康发展提供了坚强政治保障。

第一章

党中央高度重视律师行业党的建设

以习近平同志为核心的党中央将全面依法治国纳入“四个全面”战略布局，明确习近平法治思想在全面依法治国中的指导地位，作出一系列重大决策部署，将律师工作摆在全面依法治国的重要位置统筹推进。

习近平总书记高度重视律师在全面依法治国中的作用，多次对律师工作作出重要指示，提出明确要求，强调律师队伍是依法治国的一支重要力量，要把拥护中国共产党领导、拥护我国社会主义法治作为从业基本要求，坚持正确政治方向，依法规范诚信执业，认真履行社会责任，满腔热忱投入社会主义法治国家建设。

2013年11月，党的十八届三中全会把改革完善律师制度作为全面深化改革的重要内容作出部署。

2014年10月，党的十八届四中全会通过《中共中央关于全面推进依法治国若干重大问题的决定》，从依法治国全局高度对加强新时代律师工作和律师队伍建设作出部署。

2015年9月，中央全面深化改革领导小组第十六次会议审议通过了《关于深化律师制度改革的意见》，明确了深化律师制度改革的指导思想、基本原则、发展目标，从完善律师执业保障机制、健全律师执业管理制度、加强律师队伍建设、充分发挥律师职能作用等方面作出全面部署。

2016年5月，中央全面深化改革领导小组第二十四次会议审议通过了《关于发展涉外法律服务业的意见》，明确提出要建立一支通晓国际规则、具有世界眼光和国际视野的高素质涉外律师人才队伍，建设一批规模大、实力强、服务水平高的涉外法律服务机构。

2019年10月，党的十九届四中全会从坚持和完善中国特色社会主义制度、推进国家治理体系和治理能力现代化的高度，对完善中国特色社会主义律师制度提出明确要求。

2020年12月以来，党中央先后印发《法治社会建设实施纲要（2020—2025年）》《法治中国建设规划（2020—2025年）》《法治政府建设实施纲要（2021—2025年）》，统筹谋划和推进全面依法治国，对充分发挥律师在全面依法治国中的作用作出具体部署。①

2021年12月6日，习近平总书记在主持中央政治局第三十五次集体学习时强调："要加强对律师队伍的政治引领，教育引导广大律师自觉遵守拥护中国共产党领导、拥护我国社会主义法治等从业基本要求，努力做党和人民满意的好律师。"②

习近平总书记对律师工作的重要指示精神和党中央决策部署，为律师事业改革发展指明了前进方向，提供了根本遵循。

① 《深入学习贯彻习近平法治思想 奋力谱写律师事业发展新篇章——党的十八大以来我国律师事业发展综述》，载《法治日报》，2021年10月11日第1版。

② 《坚定不移走中国特色社会主义法治道路 更好推进中国特色社会主义法治体系建设》，载《人民日报》，2021年12月8日第1版。

第二章

中央组织部、司法部就推进律师行业党的建设提出了新要求

第一节　加强律师行业党组织的各项建设

2008年3月，中共中央组织部党组、司法部党组联合下发了《关于进一步加强和改进律师行业党的建设工作的通知》。

2008年7月，在山东威海联合召开了全国律师行业第一次党的建设工作会议，对律师行业党建工作作出全面部署。会议指出，新社会组织党建工作是党的建设新的伟大工程的重要组成部分。加强新社会组织党建工作，对于深入贯彻落实科学发展观，全面建设小康社会；对于坚持中国特色社会主义道路，保证新社会组织正确发展方向；对于巩固党的阶级基础和扩大党的群众基础，加强党的执政能力建设和先进性建设；对于统筹推进各领域基层党建工作，实现党的建设新的伟大工程全面协调可持续发展具有重要意义。各级党组织要充分认识做好新社会组织党建工作的重要性和紧迫性，切实加强领导和指导，明确目标责任，加强沟通协调，采取有力措施，抓好工作落实。力争通过一年左右时间的努力，使律师、会计师等行业党的组织覆盖和工作覆盖取得突破性进展，党组织和党员的作用得到有效发挥；通过三年左右时间的努力，涌现出一批领导班子好、党员队伍好、工作机制好、工作业绩好、群众反映好的新社会组织党组织。[①]

2010年，中共中央办公厅、国务院办公厅转发了《司法部关于进一步加强和改进律师工作的意见》，强调我国律师是中国特色社会主义法律工作者，

---

① 《中组部和司法部召开全国律师行业党的建设工作会》，载中国政府网：https://www.gov.cn/govweb/jrzg/2008-07/24/content_1055192.htm，最后访问时间2023年12月1日。

提出把推进律师行业党的建设作为重大政治任务，列入重要工作议程，切实加强组织领导。同年，在北京召开了第二次全国律师行业党的建设工作会议。

2017年10月，为了深入贯彻落实习近平总书记关于加强律师队伍建设的重要指示精神，进一步加强新形势下律师行业党的建设工作，推动律师工作改革发展，报经中央组织部同意，司法部党组决定成立全国律师行业党委，负责指导全国律师行业党的建设工作。[①]

2018年7月19日，中央组织部、司法部在北京召开第三次全国律师行业党的建设工作座谈会，研究部署新时代律师行业党建工作。会议强调，新时代律师行业党建工作要坚持以习近平新时代中国特色社会主义思想为指导，以政治建设为统领，坚持理念创新、制度创新、工作创新，探索互联网+党建工作，推动律师行业党建工作实现新突破。要提高政治站位，推动全面从严治党在律师行业落实落地；突出精准有效，持续提升律师行业党组织和党员队伍建设质量；树立融合理念，推动律师行业党建向更深层次迈进；坚持党建引领，促进律师行业更好服务经济社会发展。[②]

2020年3月，司法部党组印发《关于律师行业党建引领发展“四大工程”的实施意见》，决定实施律师行业党建引领发展“强基工程”“领航工程”“聚力工程”“先锋工程”。

2023年3月30日，司法部领导在全国律协调研时强调，要深入践行习近平法治思想，全面加强律师行业党的建设，深化律师制度改革，努力建设拥护中国共产党领导、拥护社会主义法治、热爱国家的高素质律师队伍，下大气力推进律师工作高质量发展。律师队伍是推进全面依法治国、推进中国式现代化建设的一支高素质重要力量，律师职能贯穿立法执法司法守法涉外法律服务等各环节，律

---

① 《全国律师行业党委成立》，载中国共产党新闻网：http://dangjian.people.com.cn/n1/2017/1101/c117092-29620996.html，最后访问时间2024年5月6日。

② 《以政治建设为统领 全面加强新时代律师行业党建》，载中国共产党新闻网：http://dangjian.people.com.cn/n1/2018/0725/c117092-30169381.html，最后访问时间2024年5月31日。

师服务覆盖经济社会发展各领域，律师工作对促进经济社会发展、确保法律正确实施、维护社会公平正义、维护国家安全和海外利益，发挥着重要作用。

要毫不动摇坚持党对律师工作的领导，深化律师行业党的建设，引导广大律师把坚定拥护“两个确立”、坚决做到“两个维护”落实到实际行动上。要引导广大律师特别是青年律师，热爱国家，胸怀“国之大者”，在推进中国式现代化建设中发挥正能量。要践行法治为民宗旨，在法律援助、律师调解等工作中进一步增强实效性，服务民生福祉。要发展涉外法律服务，依法维护我国公民、法人海外合法权益，加快建设国际一流律所、培养高素质涉外人才，服务强国建设，提升国际竞争力。要深化律师制度改革，推进律师法修订和刑事案件律师辩护全覆盖试点，完善律师行业评级评价体系。要加强律师管理部门、律师协会自身建设，强化执业监管，保障执业权利，增强律师尊荣感，切实把律师队伍引导好、管理好、服务好。①

2023年6月30日，司法部召开律师工作座谈会，对广大律师提出五点希望：一是做拥护中国共产党领导、拥护我国社会主义法治这一从业基本要求的践行者。坚持用党的创新理论凝心铸魂，自觉坚持党对律师工作的领导，坚定走中国特色社会主义法治道路。二是做热爱国家、强国建设、民族复兴的奋斗者。传承律师队伍爱国传统，弘扬社会主义核心价值观，充分发挥职业优势服务中国式现代化建设。三是做人民群众合法权益的维护者。践行法治为民宗旨，通过依法执业办案、公益法律服务等解决人民群众急难愁盼问题，维护社会公平正义。四是做经济社会高质量发展的推动者。心系“国之大者”，潜心钻研业务，更好适应时代新需求新变化，为国家重大发展战略实施提供高质量专业法律服务。五是做行业清风正气的守护者。坚持正确价值导向，恪守职业道德和执业纪律，依法依规诚信执业。会上还指出，律师队伍是推进全面依法治国、

① 《坚持和加强党的领导 在推进律师工作高质量发展上采取硬实举措》，载司法部：http://www.moj.gov.cn/pub/sfbgw/gwxw/xwyw/202303/t20230331_475414.html，最后访问时间2023年12月1日。

推进中国式现代化建设的重要力量，在法治中国建设中承担重要职责。[①]

2023年12月13日至16日，中央组织部、中央党校（国家行政学院）、司法部联合举办全国律师行业党组织书记培训班，通过视频直播形式对全国律师行业党组织书记开展培训。培训班以学习贯彻习近平新时代中国特色社会主义思想和党的二十大精神为主题，紧密结合律师行业特点，安排中央纪委国家监委机关、中央组织部、中央政法委、中央党校（国家行政学院）、司法部有关负责同志和专家授课，东中西部12名优秀律师行业党委负责人、律师事务所党组织书记围绕深化新时代律师行业党的建设作案例交流，教育引导广大律师坚持不懈用习近平新时代中国特色社会主义思想凝心铸魂，深入学习贯彻习近平法治思想和习近平总书记关于党的建设的重要思想，自觉遵守拥护中国共产党领导、拥护我国社会主义法治等从业基本要求，在坚持党的领导上始终头脑清醒、旗帜鲜明，在勇挑时代重任上争做先锋，在践行执业为民宗旨上矢志不渝，在服务中国式现代化上担当作为，在恪守职业道德上永葆本色，努力做党和人民满意的好律师。[②]

第二节　党建入章

2018年7月1日，中国共产党成立97周年之际，第九届全国律师代表大会第二次会议在北京隆重召开，来自全国各地的律师代表及特邀代表共380余人参加了本次盛会。这是全国律协历史上首次召开的届中代表大会，也是在

---

① 《司法部党组召开律师工作座谈会 对广大律师提出“五点希望”》，载司法部：http://www.moj.gov.cn/pub/sfbgw/gwxw/tpxw/202306/t20230630_481795.html，最后访问时间2023年12月1日。

② 《中央组织部、中央党校（国家行政学院）、司法部联合举办全国律师行业党组织书记培训班》，载新华网：http://www.news.cn/2023-12/16/c_1130031192.htm，最后访问时间2024年4月25日。

全面加强律师行业党建工作、不断提升律师行业党建水平、引领新时代律师事业发展背景下召开的一次具有特别重大意义的会议。

本次会议修改了《中华全国律师协会章程》，将“坚持以习近平新时代中国特色社会主义思想为指导”、“坚定维护以习近平同志为核心的党中央权威和集中统一领导”及社会主义核心价值观有关内容写入章程，是时代发展的需要，为加强新时代律师行业党的建设提供了制度保障，对于确保律师行业正确政治方向，充分发挥行业自律作用，推动律师事业健康发展必将具有里程碑意义。

截至2019年5月，全国律师协会、31个省（区、市）和新疆生产建设兵团律师协会均已召开律师代表大会，完成协会章程修改工作，写入党的建设相关内容，为党建工作的开展提供了制度保障。①

在律师事务所层面，截至2020年6月，共有3万余家律师事务所完成章程修订工作，1.6万多家律师事务所建立了党组织与决策管理层重大问题会商通报等制度，1万余个律所党组织实现负责人与事务所决策管理层双向进入、交叉任职，党组织在律师事务所决策管理和律师依法诚信执业中发挥作用的机制逐步建立健全。②

第三节　发挥典型示范引领作用，推动党的组织和工作全覆盖

律师行业有其自身特点：一是职业身份特殊，属于新的社会阶层，既不同

① 蔡长春:《新时代律师行业党建工作揭开新篇章》，载中国共产党新闻网：http://dangjian.people.com.cn/GB/n1/2019/0506/c117092-31069432.html，最后访问时间2023年12月1日。

② 《律师行业持续推进党建全覆盖全规范全统领工作 全国专职执业党员律师逾13万名》，载司法部：https://www.chinalaw.gov.cn/pub/sfbgw/zwgkztzl/ztzlbwcxgdz/bwcxgdzdjgzld/djgzldlsdj/202006/t20200629_191346.html,最后访问时间2024年5月31日。

于机关，也不完全等同于企业；二是组织方式特殊，每一个律师事务所都是独立的法人团体，每一个律师都是独立的执业者，律师事务所的分分合合、律师的进进出出都是常态；三是执业活动特殊，日常工作流动性大。所以，需要积极探索形成可复制、能推广的律师行业党建有益经验和做法，探索尊重行业规律、体现行业特点、符合执业特征的党建新思路、新途径、新方法。

律师事务所党组织是律师行业党的基层组织，承担着直接教育管理和组织引领党员律师的职责，是律师行业党建工作的坚实力量支撑。律师行业始终把律师事务所党组织建设作为重中之重，持之以恒强基层、打基础，充分发挥基层党组织战斗堡垒作用。

加强律师行业党的建设，首先要解决党的组织“有没有”的问题。律师行业深入开展党组织和党员基本信息登记核查，推进律师事务所党组织应建尽建，明确要求有3名以上正式党员的律师事务所单独建立党组织，符合条件的新设立律师事务所同步建立党组织，按照“以大带小”“以强带弱”原则建立联合党支部，及时向无党员律师事务所选派党建工作指导员，使律师行业处处都有党的组织、都能听到党的声音。①

截至2019年年底，党员律师16.3万人，占全国律师总数的34.5%，其中2019年在律师行业新发展党员1900多人。全国律师事务所共建立党组织1.26万多个，向无党员律师事务所选派党建工作指导员6300多名，基本实现党的组织和党的工作全覆盖。②

---

① 《党的十八大以来律师行业党建工作综述》，载中国长安网：http://www.chinapeace.gov.cn/chinapeace/c100007/2021-07/27/content_12515498.shtml，最后访问时间2023年12月1日。

② 《2019年度律师、基层法律服务工作统计分析》，载司法部：https://www.moj.gov.cn/pub/sfbgw/zwxxgk/fdzdgknr/fdzdgknrtjxx/202006/t20200622_350049.html，最后访问时间2023年12月1日。

第三章

律师行业抓好党的建设的必要性

党的领导是中国特色社会主义最本质的特征。律师是全面依法治国的重要力量，是中国特色社会主义法治工作队伍重要一员，对法治中国建设具有特殊职责、肩负特殊使命。加强律师行业党的建设是新时代党的建设新的伟大工程的重要组成部分，是律师工作落实全面从严治党要求的重要举措。党的领导是律师制度之魂，加强律师行业党建工作是坚持和完善中国特色社会主义律师制度、促进我国律师事业改革发展的铸魂工程、强基固本之策。

第一节　律师行业抓党建是律师的基本特征决定的

一、律师活动相对独立

这是指律师法律服务活动的相对独立、律师组织的相对独立和律师工作形式的相对独立。律师在执业过程中，不受国家司法机关、行政机关、社会团体和个人的干涉；律师在执业过程中独立于当事人，律师是当事人的辩护人或代理人，而不是当事人的附庸和代言人，律师有义务维护当事人的合法权益，有义务保守当事人的秘密，但也有权利拒绝当事人提出的与法律相悖的不正当诉求，并在辩护中依据事实和法律独立地行使辩护权，独立地发表辩护意见。律师的独立性具体表现在三个方面：一是行业自律；二是业务自主；三是人身自由。行业自律，基于律师职业的基本特征产生。律师往往作为维护私权的代言人，律师群体组成自律性的协会组织，在法律规定范围内活动，是保持律师独立性的重要保障。业务自主，是指除法律规定律师必须接受或者禁止接受委托的事务外，律师和律师事务所有权自主决定其从事的业务内容，有权自主决定采取何种合法的方式和方法完成委托事务。任何组织和个人，均无权违法强令律师接受或者禁止接受委托的某项事务。人身自由，是指律师开展业务活动不受非法限制。

二、律师维护法律的正确实施

律师是依法取得律师执业证书，为委托人提供法律服务，维护法律正确实施，维护当事人合法权益的法律工作者。律师通过为当事人提供法律服务，使当事人的法定权利得以实现或者正确地享有、行使，使法律得到正确的实施。律师的辩护、代理意见，是司法人员正确认定事实、适用法律和实现司法公正的关键。在刑事诉讼和行政诉讼活动中，律师从维护当事人的合法权利的角度提出辩护或代理意见，防止权利受到损害，从而导致法律不能正确有效实施。在民商事诉讼活动中，律师站在各自委托人一边，帮助审判人员客观掌握有关法律事实，准确适用法律，作出公正判决。在非诉讼活动中，律师作为专业的法律工作者，利用其专业知识和经验，依法提供法律意见，引导当事人在法律范围内最大限度地设置和保护自己的合法权益，避免当事人在行使权利的时候超过自由和权利的界限，帮助当事人采取有效的法律救济方式维护自己的权利，推动法律权利向现实权利的转化。在这个过程中，律师通过法律服务，使当事人认知、接受法律的规范和约束，进而使法律得到普遍遵守。律师通过为当事人提供法律服务，维护当事人的合法权益，其根本宗旨和最终目的是维护法律的正确实施。因此，维护法律的正确实施，是律师职业的核心价值。[①]

三、律师的属性应包括政治性和社会性

这两种属性是在两个不同层面上而言的，即政治性属于政治制度层面，而社会性属于功能层面，这两种属性的关系为，政治性中自然蕴含着社会属性，社会属性是政治性的表现。法律赋予律师一定的执业权利，与法官、检察官构成法律职业共同体。律师制度作为国家民主政治制度的重要组成部分，体现了国家对人权的尊重和人们对正义的追求。律师职业的宗旨在于维护公民合法权益，以此在私权和公权之间构建制衡机制，防止公权力的滥用。律师是推进国家法治建设的重要力量，律师法规定律师应当维护公平正义，这些都是律师政治属性的体现。律师职业的社会定位可以概括为律师具有社会性属性，主要体现在律师身份的社会化，律师不是国家公职人员，律师接受当事人的委托，并提供法律服务的执业活动，是为了维护当事人的私权。就律师的社会立场而言，律师代表公众和公众社会利益。律师是面向社会提供法律服务的一种开放式的服务职业，律师的业务涉及社会的各个领域，这正是律师职业具有社会属性的反映。律师职业的社会属性还表现为律师在业务和道德方面的自律管理，律师依法开展业务活动，不受非法限制。[②]

四、律师是中国特色社会主义法治工作者

我国律师队伍是落实全面依法治国、建设社会主义法治国家的重要力量，

---

① 上海市律协宣传部：《正确认识律师的本质属性》，载东方律师：https://www.lawyers.org.cn/info/3a2476bff7e947b2b4be57f7c2da696d，最后访问时间2023年12月1日。

② 陈海：《律师职业的本质属性与律师职业定位的应然性思考》，载《内蒙古农业大学学报（社会科学版）》2010年第12期。

律师工作是党和人民事业的重要组成部分，始终站稳人民立场、强化宗旨意识是广大律师特别是党员律师的应有之义。

我国律师制度是中国特色社会主义法律制度的重要组成部分，律师是落实依法治国基本方略、建设社会主义法治国家的重要力量。律师维护的是当事人合法权益，维护的是法律正确实施，维护的是社会公平正义，在党的统一领导下，积极参与国家法治建设。

党政军民学，东西南北中，党是领导一切的。这是党的十九大报告提出的明确要求，加强律师行业党的领导，不是套话。因为党的领导是中国特色社会主义最本质的特征，是社会主义法治最根本的保证，这是实实在在的。在党的领导下，中国特色社会主义事业取得了举世瞩目的发展成就，带动引领律师行业快速发展。没有党的领导就没有律师行业的发展，坚持党对律师工作的领导，加强律师行业党的建设，绝不是一句口号，更不是权宜之计，而是与中国国情完全契合，完全相适应的基本制度安排，是事关律师事业长远发展的政治制度安排。律师事业发展、律师行业自律，必须坚持党的领导，不仅要理直气壮地讲出来，制度安排上写出来，更要在律师履行职责的方向把握中坚定不移、脚踏实地地做出来。①

第二节　“党建+”是律师事务所特色发展的核心竞争力

核心竞争力，又称“核心（竞争）能力”“核心竞争优势”，指的是组织具备的应对变革与激烈的外部竞争，并且取胜于竞争对手的能力的集合。律师事务所的核心竞争力体现在律师与律师事务所两个方面。

① 张军：《党的领导是律师制度之魂》，载《人民日报》，2018年1月19日第5版。

在新时代坚持党对律师工作的领导的背景下，律师事务所的核心竞争力是什么？笔者认为，以“党建+公益+专业”可以形成律师事务所强大的核心竞争力。

律师事务所应当坚持以中国特色社会主义理论体系和习近平新时代中国特色社会主义思想为指导。有些人认为党的指导思想是高高在上的理论，跟我们普通百姓、律师事务所没有关系。其实不然，它之所以能够成为党的指导思想，说明它对各领域各行业各单位都是管用的，是指明方向的。

案例：江西南芳律师事务所的发展定位是“立足全省、面向全国，省内一流、全国优秀”，一切工作都要以争创全国优秀为目标。凭什么争创全国优秀？在一个经济水平尚不够发达的革命老区，想真正做到全国优秀，得到全国认可，是很困难的。但今天，南芳所走向了全国，不仅党建影响力，党建促发展的成效、党建促发展的经验总结均获得了律师同行的认同、社会的认同、党和国家的认同。南芳所走向全国走的是什么路径？是一条特色之路，这就是“抓党建、带群建、促所建，推进南芳事业全面发展”的特色之路。

用“党建+公益+专业”作为律师事务所的核心竞争力，三者犹如三驾马车，并驾齐驱，共同推进律师事务所事业的全面发展。目前，许多律师事务所律师只做专业，只在这个方面下功夫。当然，专业是律师事务所的立所之本，确实要认真钻研。但是，如果除了专业外，还有社会公益，还有党建优势，那就有三驾马车并驾齐驱。如果有两驾马车，应该比一驾跑得快。如果有三驾那一定跑得更快。如果连一驾都没有，那说明这个律师事务所就没有核心竞争力。

2019年10月，司法部印发《关于促进律师参与公益法律服务的意见》，提出要认真贯彻落实习近平总书记全面依法治国新理念新思想新战略，组织、引导、支持广大律师积极参与公益法律服务，大力发展公益法律服务事业，推动律师公益法律服务制度化、规范化，构建覆盖城乡、高效便捷、均等普惠的公共法律服务体系和全业务、全时空的法律服务网络，增强人民群众在全面依法治国中的获得感、幸福感、安全感。鼓励、引导律师为残疾人、农民工、老年人、妇女、未成年人等特殊群体提供公益法律服务；担任村（居）法律顾问，为城乡群众和基层群众性自治组织提供服务；参与公益性法治宣传活动，担任普法志愿者、法治辅导员等；在公共法律服务平台或者通过其他渠道提供免费法律咨询服务；参与法治扶贫活动，到边疆地区、欠发达地区和少数民族地区担任志愿律师；协助党政机关开展信访接待、涉法涉诉案件化解、重大突发案事件处置、城市管理执法等工作；提供公益性律师调解服务，志愿参与人民调解、行政调解、司法调解和行业性、专业性调解；参与民营企业“法治体检”公益服务；从事公益法律服务政策研究、立法论证、学术交流、人才培养等工作；为公益法律服务活动提供赞助或者支持；从事其他形式的公益法律服务。

只要用心，一定能找到与公益服务的结合点，这有助于提升律师事务所社会形象，而律师事务所社会形象的提升又有助于提高律师的社会认同度。

一般而言，专业的竞争力体现在律师与律师事务所两个层面。

第一，律师的专业核心竞争力是指与其他律师相比，其在法律市场上脱颖而出并吸引客户的独特优势和能力。主要体现在：

一是法律专业知识和技能：律师必须具备深厚的法律专业知识和技能，包括对法律法规、判例和法律原则的准确理解和应用，而且应该持续学习和更新知识，以跟上法律的变化和发展。

二是分析问题和解决问题：律师需要具备出色的分析和解决问题的能力，能够快速理解复杂的法律问题，并从多个角度进行综合分析，找出最佳解决方案。

三是沟通和谈判技巧：律师应该具备良好的沟通和谈判技巧，能够清晰、准确地表达法律观点，并与客户、对方律师以及其他相关方进行有效的沟通和谈判。

四是专业洞察力：律师需要具备对专业环境的深入理解和洞察力，能够将法律问题与客户的委托目标和需求相结合，提供具有专业智慧的法律建议。

五是客户服务和关系管理：律师应该具备良好的客户服务意识，能够理解客户的需求、关注客户的利益，并建立积极的客户关系。他们应该提供个性化的服务，满足客户的期望，并建立长期的合作关系。

六是创新和适应能力：律师需要具备创新思维和适应能力，能够应对法律行业的不断变化和新挑战。他们应该积极采纳新技术、新工具和新方法，提高工作效率和服务质量。

七是良好的声誉和道德规范：律师的声誉和道德规范是其核心竞争力的重要组成部分。他们应该秉持职业道德，保持诚信、正直和保密的原则，以树立良好的声誉和信誉。做一个“靠谱”的律师，口碑是杠杆，具有长期经济效应。

这些要素共同构成了律师的核心竞争力，帮助其在法律市场中脱颖而出，并为客户提供优质的法律服务。律师需要不断提升自己的竞争力，以适应快速变化的环境和客户需求。

第二，律师事务所的核心竞争力一般主要体现在：

一是律师事务所客户关系的管理与维护，主要是拥有多少忠诚的客户，只有当律师事务所拥有一定数量的忠诚客户并形成长期的合作关系，才能使律师事务所更具核心竞争力。

二是律师事务所的企业理念与企业文化建设，包括律师事务所的发展观、价值观、律师事务所精神、职业道德观、发展规划、管理制度、创新手段等，并在实际工作中将企业文化加以运用，就构成了律师事务所的文化核心竞争力。

三是律师事务所广泛而专业的业务领域。以市场为导向，向客户提供更加专业的服务，在市场中才更具竞争力。

四是律师事务所优质的人力资源。律师事务所只有通过机制才能吸引人、留住人，才能形成律师事务所的人才竞争力。

五是律师事务所先进的分配机制。律师事务所想要留住更多的优秀人才，建立一整套符合实际的科学先进的分配机制不能少。

六是律师事务所优质高效的战略管理制度。主要指律师事务所的战略发展方向，包括长期、中期、近期目标，战略目标实现的方式制度措施等。

党建引领保障律师事务所发展方向，公益塑造律师事务所社会形象品牌，专业赢得客户认同认可，以“党建+公益+专业”推动律师事务所形成强大的核心竞争力。

第三节 抓党建就是抓生产力

律师事务所党建实践证明，抓党建就是抓生产力，通过抓党建就能促生产力发展，不仅有深刻的理论依据，而且有丰富的实践依据。

一、党建促发展的理论依据

党的建设历来是为党的中心工作服务的。只有把党的建设和中心工作“揉”在一起抓，把每条战线、每个领域、每个环节的党建工作抓具体、抓深入，发展大业才会事半功倍。实践也证明，凡是社会各项事业顺利发展，人民生活不断改善的时期，无一不是我们党的自身建设工作抓得好、抓得实的时期。党建与发展犹如车之两轮，只有相辅相成、同向同力，才能最大限度地发挥效能，推动经济社会健康发展。

（一）“党的建设”是我们党取得新民主主义胜利的最重要法宝

1939年10月，毛泽东同志在《〈共产党人〉发刊词》中指出：“十八年的经验，已使我们懂得：统一战线，武装斗争，党的建设，是中国共产党在中国革命中战胜敌人的三个法宝，三个主要的法宝。”[①]“统一战线和武装斗争，是战胜敌人的两个基本武器。统一战线，是实行武装斗争的统一战线，而党的组织，则是掌握统一战线和武装斗争这两个武器以实行对敌冲锋陷阵的英勇战士。这就是三者的相互关系。”[②]

实践证明，中国共产党是保证中国革命胜利的最先进和最强大的领导力量。只有把党建设成为坚强领导核心，才能确保中国特色社会主义事业沿着正确的方向胜利前进。虽然我们现在所处的时代环境发生了重大的变化，但是关于三大法宝问题的立场、观点和方法，对我们今天的现代化建设仍然具有重要的现实指导意义。

（二）伟大建党精神是不断走向胜利的根本保障

习近平总书记在庆祝中国共产党成立100周年大会上的讲话中概括了中国共产党的伟大建党精神：“一百年前，中国共产党的先驱们创建了中国共产党，形成了坚持真理、坚守理想，践行初心、担当使命，不怕牺牲、英勇斗争，对党忠诚、不负人民的伟大建党精神，这是中国共产党的精神之源。”[③]一百年来，中国共产党之所以能够由小到大、由弱到强，团结和带领中国人民不断创造历史伟业，深刻改变了近代以后中华民族发展的方向和进程，深刻改变了中国人民和中华民族的前途和命运，深刻改变了世界发展的趋势和格局，就是因为在革命、建设、改革的过程中形成并不断弘扬伟大建党精神，构建起中国共产党人的精神谱系，锤炼出鲜明的政治品格。新时代我们继承

① 毛泽东：《〈共产党人〉发刊词》，载《毛泽东选集》（第二卷），人民出版社1991年版，第606页。

② 毛泽东：《〈共产党人〉发刊词》，载《毛泽东选集》（第二卷），人民出版社1991年版，第613页。

③ 习近平：《在庆祝中国共产党成立100周年大会上的讲话》，载《求是》2021年第14期。

和弘扬伟大建党精神，必须准确把握其科学内涵和时代价值，继续发扬光荣传统、赓续红色血脉，不断走向新的胜利。

（三）抓好党建是最大的政绩

2014年10月8日，习近平总书记在党的群众路线教育实践活动总结大会上指出："各级各部门党委（党组）必须树立正确政绩观，坚持从巩固党的执政地位的大局看问题，把抓好党建作为最大的政绩。"①

第一，抓住了全面从严治党的关键具有重大的现实意义。改革开放以来，社会主义现代化建设不断取得新的成就，但党建工作中也存在着一些不容忽视的问题，如党员理想信念、党组织先锋作用、党的领导等有所弱化。习近平总书记一针见血地指出："如果我们党弱了、散了、垮了，其他政绩又有什么意义呢？"②要"把抓好党建作为最大的政绩"。

第二，既有原则要求又有制度安排，具有重大的实践指导意义。工作一起谋划、一起部署、一起考核，把每条战线、每个领域、每个环节的党建工作抓具体、抓深入，坚决防止"一手硬、一手软"。对各级各部门党组织负责人特别是党委（党组）书记的考核，首先要看抓党建的实效，考核其他党员领导干部工作也要加大这方面的权重。③

党的十八大以后，党建的力度空前加大，党建工作的卓有成效极大地推动了生产力的发展。我国已经是世界第二大经济体，目前正在进行供给侧结构性改革，构建双循环新发展格局，重点是提升经济运行质量。把党的建设基础打牢，防范执政风险，在新时代尤为重要。

---

① 《习近平在党的群众路线教育实践活动总结大会上的讲话》，载《人民日报》，2014年10月9日第2版。

② 《习近平在党的群众路线教育实践活动总结大会上的讲话》，载《人民日报》，2014年10月9日第2版。

③ 杨德山：《把抓好党建作为最大的政绩》，载共产党员网：https://news.12371.cn/2016/07/27/ARTI1469568476788368.shtml，最后访问时间2024年4月25日。

（四）党建反作用于生产力

生产力不仅仅是人类改造自然、利用自然的能力，还体现在协调人与自然关系的能力，是人们按照人与自然关系的本质和规律改变、调整和控制自然，在与自然的和谐关系中促进人类整体进步与个体全面发展的能力和成果。从上层建筑与经济基础的关系上看，经济基础决定上层建筑，上层建筑反作用于经济基础。党建工作属于上层建筑的范畴，通过合理组织和配置党建生产力要素，可以不断夯实和发展经济基础，从而形成“党建工作促生产力”的良性循环。

从生产力与生产关系上看，生产力决定生产关系，有什么样的生产力就有什么样的生产关系与之相适应。因此，夯实基层党组织战斗堡垒，以党组织的活力激发事业发展活力，可以彰显抓党建促发展的作用。

人作为劳动者，是生产力的第一要素。党建是生产力，党员的先锋模范作用发挥得如何是关键。抓党建就是抓生产力，必须把发展的重点作为党建工作的结合点，把发展的难点作为党建工作的突破点，让党建工作在经济社会发展的最前沿有为有位，真正发挥作用。

（五）我们党代表了中国先进生产力的发展要求

《中国共产党章程》指出，我们党“代表中国先进生产力的发展要求，代表中国先进文化的前进方向，代表中国最广大人民的根本利益”。把抓党建工作与推动生产力发展紧密结合起来是党的性质和宗旨所决定的，使党建工作推动生产力的发展是大力抓好党的建设的题中应有之义，党建工作要围绕推动生产力的发展来进行。

我们党成立的初心与使命，就是要为中国人民谋幸福，为中华民族谋复兴。党的十八大提出，人民对美好生活的向往就是我们党的奋斗目标。只有推动社会生产力的发展，解决好人民日益增长的美好生活需要和不平衡不充分的发展之间的矛盾，才是我们党最重要的宗旨。如果不与发展生产力相结合，就不能实现党的初衷。中国共产党代表中国先进生产力的发展要求，大力促进先进生产力的发展，是我们党始终站在时代前沿，保持先进性的根本体现和根本要求。

上述理论讲到底，可以得出这样的结论：抓党建就是抓生产力，党建工作促进生产力发展。

二、党建促发展的实践依据

理论源于实践，实践总结系统化后可以上升为理论，并反过来指导实践，理论必须在实践中不断检验，不断完善与发展，才能保持其生命力。律师事务所党建能不能促发展，除了上面的理论依据，更需要通过实践来证明。

（一）围绕中心服务大局抓党建有助于律师事务所业务发展

围绕中心、服务大局来抓党建，可以获得巨大的法律服务资源，促进律师事务所业务的发展，因为中心工作有很多法律服务方面的需求。十八届三中全会提出建设法治中国的目标，重要举措之一是普遍实行法律顾问制，即各级党政机关、人民团体、企事业单位和乡镇村居街道等基层组织都应建立符合实际需求的法律顾问制度，也就是说构建覆盖政府、企业、基层自治组织的法律顾问体系。2019年4月，有关部门联合发布文件，要求支持中国律师“走出去”，服务我国全方位对外开放大局；乡村振兴发展战略，建设法治乡村，同样需要律师参与；包括国企改制、工业园建设、开发区建设、政府PPP项目、担任党政机关法律顾问，包括工青妇里面的青少年维权、职工维权、妇女维权等，这些领域都涉及法律服务。所以，党建做好了，认同度高了，自然能够优先获得机会，或在招标条件中获得加分，增强投标的竞争力。

（二）党建成效有助于提升律师事务所的品牌影响力

通过党组织和工青妇群团组织开展的各项争创活动，可以提升律师事务所的品牌度、美誉度、信誉度。当事人来到党建工作先进的律师事务所之后，看到党和政府授予的荣誉牌匾，自然会增加对律师事务所的信任度、认可度。这些荣誉是律师事务所的无形资产，对律师事务所业务发展有着积极的促进作用。

律师事务所除了有行业品牌、社会公益品牌外，还有党委政府的党建品牌。各项党建群团争创活动可以提升律师事务所的品牌度，通过提升品牌度让律师事务所的业务总量不断增长，从而实现党建促所建，党务促进业务的发展循环。

（三）党建工作有助于促进律师事务所思想工作的统一

党建工作具有极强的思想性，可以把全所员工的思想统一到发展这一根本目标上来，增强律师事务所的向心力、凝聚力。

在思想政治工作方面，我们党是有一套的，群团也有一套。怎么做？在支持律师事务所发展方面，是党员的，党组织可以跟你谈心，向你提要求；是共青团员的，团组织可以倡议动员。我们把党建群团一条线跟所务合伙人会议管理会一条线结合起来，两条线一起来做工作效果就不一样。律师事务所的社会公益活动、文体娱乐活动、主题实践活动，基本上是党群组织在做，管委会主要是做好日常管理，党群组织发挥了重要的担当作用。

（四）党建影响力可以带来更多发展机会

律师事务所除了业务交流，党建交流也是一个新的互动平台。党建有特色、有成效，获得认同，在律师事务所的参观交流中也有可能带来业务的合作契机，即便目前没有，未来也会有业务合作的空间与机会。

有的律师事务所不仅是规模所、专业所，也是党建工作优秀所，在担任法律顾问时也可一并担任党建工作顾问，两个顾问一起当，党务与业务的融合，党建工作直接体现了价值。还有一些单位就请这样的律师事务所专门担任党建顾问或党建指导员，并签订党建共建协议，应该说党务工作也是一种专业工作，党务工作者其实也是专业人才，所以，党建做好了，也是一种生产力，有助于提升律师事务所的影响力，带来更多发展机会。

（五）律师参政议政有助于提升政治影响力

律师参政议政有助于提升律师政治地位，提升政治影响力。“两代表一委员”代表着党和政府的认同，如果有一大批律师是全国党代表、人大代表、政协委员，当事人对律师事务所的认同度就会更高，社会认同度也会更高，所以我们讲要做好党建工作，提升律师的政治地位，增强影响力，前提是要做好党建。

实践证明，党建工作做实了就是生产力，做强了就是竞争力，做细了就是凝聚力，做优了就是影响力，做好了就是战斗力。

第四节　抓好党建是我国律师事业向着正确方向发展的根本保障

新时代律师事务所党建工作必须坚持以习近平新时代中国特色社会主义思想为指引，坚持以习近平法治思想为指导，坚持以党的建设统领律师事业发展，坚持党对律师工作的全面领导，坚持以人民为中心。新时代、新定位、新任务、新要求，习近平法治思想为律师事务所党建工作指明了发展方向，提供了根本遵循。

一、抓好党建是提升律师政治地位的有效途径

抓好党建是新时代律师行业的使命，是律师事业发展的根本保障。党的十七大以后，中央对非公经济与社会组织党的建设日益重视，同时也伴随依法治国的需要，律师行业受到更多关注。截至2022年年底，全国律师担任各级“两代表一委员”共12017人，其中担任各级人大代表4219人，担任各级政协委员7067人，担任各级党代会代表731人。[①]广大律师充分发挥专业优势和职能作用，围绕中心、服务大局，投身全面依法治国伟大实践，在推动经济社会高质量发展中贡献智慧和力量。“两代表一委员”的数量虽不断提升，但于依法治国对律师的要求而言仍任重道远。在这个方面，律师行业不能仅拘泥于自身业务，一定还要有更高更大的格局，去思考去担当，要在国家层面、地方层面尽可能去争当“两代表一委员”，前提是什么？就是做好党建，获得党和国家更高的政治认同，努力做党和人民满意的好律师。

二、抓好党建是事关律师行业发展的一项政治制度安排

党的十八大以来，以习近平同志为核心的党中央从关系党和国家前途命运的战略全局出发，以前所未有的高度谋划法治，以前所未有的广度和深度践行法治，开辟出全面依法治国理论和实践的新境界。党的十八届四中全会制定了推进全面依法治国的顶层设计、路线图、施工图。党的十九大对新时代推进全面依法治国提出了新任务，明确到2035年要基本建成法治国家、法治政府、法治社会。党的二十大报告首次单独把法治建设作为专章论述、专门部署，宣示了我们党矢志不渝推进法治建设的坚定决心，丰富和发展了

① 蔡长春、赵婕：《司法部党组对广大律师提出“五点希望” 推动加快建设党和人民满意的高素质律师队伍》，载中国律师网：http://www.acla.org.cn/article/page/detailById/35374，最后访问时间2023年12月1日。

习近平法治思想，加深了对中国共产党依法执政规律、社会主义法治建设规律、人类社会法治文明发展规律的认识，深化和拓展了新时代党和国家工作布局，是我们党推进法治中国建设的纲领性文献。

要实现全面依法治国，需要大量的法律人才，而律师是依法治国的重要力量。根据司法部《全国公共法律服务体系建设规划（2021—2025年）》，到2025年，全国执业律师达到75万名。律师行业服务经济社会发展、履行公共法律服务职能的体制机制进一步健全完善。律师队伍要让党放心，让人民满意。律师队伍必须听党话、跟党走，服务大局，这其实就是最通俗的党建要求。

党的建设从理论上来讲主要是指政治建设、思想建设、组织建设、作风建设、纪律建设、制度建设。律师行业党建就是听党话、跟党走、服务大局，服务经济社会发展，积极履行社会责任，这就是我们党建的核心要义。所以，律师在全面依法治国当中是有政治使命的。

2018年，江西省赣州市一个县的县委书记与一家律师事务所联系，说能不能安排律师到其县里的乡镇去任职锻炼，担任乡镇党委委员、分管法治工作。他说，现在中央提出要建设法治乡村，他们县律师人数不到10人，严重缺少法治人才，怎么建设法治乡村？他就想到赣州市的一家大型律师事务所，且该所也是党建先进单位，请求选派一些优秀党员律师到该县任职锻炼，任职期间工资津贴等待遇县里给。经多次协商，该项工作最后由赣州市律师行业党委与赣州市律师协会担当，先后派出四批党员与优秀党外律师前往任职锻炼。这反映了一个基层对法律人才的需求问题，未来我们全面依法治国更是需要大量的法律人才。所以，我们只有把党建做好做实，在全面依法治国当中才可以发挥更重要的作用，实现更大的使命担当。

其实，早在2010年的时候，司法部就出台了《关于进一步加强和改进律师工作的意见》，其中规定：探索选派优秀律师党员到政法机关挂职锻炼。2013年12月，中央统战部、司法部党组印发《关于加强律师行业统战工作的意见》，提出“选派优秀党外律师到政府部门、司法机关、国有企业等挂职锻炼”。

所以，律师不能只关注自己的业务，只埋头办业务，不关心政治。要围绕中心、服务大局，努力做党和人民满意的好律师。要把全面依法治国跟律师这支力量结合到一起去，但前提是要做好律师事务所党的建设。

三、抓好党建有助于化解政治风险、法律风险

一家律师事务所在发展过程中难免存在法律风险、过错责任风险、管理风险、政治风险等。律师事务所党建工作就是要确保律师事务所正确的政治方向，避免各类风险。

有些律师事务所为什么会出现风险事件？比如，某律师事务所，长期受反华势力渗透影响。该所与网络推手、职业访民、境外反华势力深度勾连，以事务所为平台，在公共场所非法聚集滋事、炒作热点案事件、攻击国家宪法法律制度，企图颠覆国家政权、推翻社会主义制度。该所表面打着“维权”旗号开展律师业务，其实质是犯罪集团。还有一家律师事务所，通过巨型户外广告、电视和报纸广告对外宣称“官司不赢，分文不收”。该所雇请了七八十个没有律师资格的人员搞营销，然后对外虚假宣传，虚假承诺，最后涉嫌诈骗，主犯被移送起诉。

如果这些律师事务所有强有力的党组织把握政治方向，监督律师事务所依法执业、诚信从业，就可以避免上述风险。律师事务所党组织负有这种政治使命与责任，确保律师队伍不偏离方向，不触及底线。所以，做好律师事务所党的建设，有助于化解政治、法律等风险。

第三编

新时代律所抓党建促发展的具体实践

进入新时代，律师行业党的建设普遍加强，具体体现在，律师行业必须抓党建的意识得到普遍认同，党员发展、党员教育、党员管理等已成为律师事务所常态性工作，党员的先锋模范作用得到更大发挥，党建工作对律师队伍的政治引领作用越来越凸显，在推动律师事务所发展、促进律师事务所人才培养等方面，也发挥着越来越重要的作用。但是，我们也应该看到，当下律师事务所的党建工作仍存在一些问题，主要体现在如何更好发挥律师事务所党组织的政治引领保障功能，党建如何促进律师事务所发展，党务所务业务如何融合，律师事务所如何服务中心大局，中小律师事务所的党建如何抓，等等。

第一章

加强律师事务所党组织自身建设

一般而言，党组织自身建设包括党组织制度建设、理论学习、队伍建设、组织生活制度建设和党风廉政建设等方面的工作。党组织制度建设包括完善党章要求的各项规章制度、建立健全党组织会议制度、党务公开制度等。理论学习是指加强全体党员的思想政治教育，让党员始终牢记自己的党员身份，具有坚定的共产主义理想信念和严肃的党内政治生活。队伍建设包括重视干部选拔任用工作，提高干部素质，选拔和培养优秀年轻干部，确保干部队伍的年轻化、专业化和素质化。组织生活制度建设包括建立健全规范的组织生活制度，强化组织生活的政治功能，加强党员教育和管理。党风廉政建设包括全面贯彻执行中央八项规定和纪律处分条例，加强党风廉政建设，惩治腐败，维护党的清正廉洁的形象。社会组织中律师行业的党组织的自身建设应坚持问题导向，充分发挥党组织的政治引领与保障作用，推动律师事务所以党建带群建促队建。

第一节　发挥党组织的政治引领作用

律师行业如何发挥党组织的政治引领作用，以什么形式来体现？建立“党组织与合伙人联席会议制度”“党组织前置研究事项清单制度”等都是有效的实现路径。

政治引领作用是把方向、带队伍。把方向就是不偏离党的路线方针政策，确保国家法律与党的方针政策在一个单位的正确实施，确保一个单位遵守国家法律。党组织起领导核心作用，其工作具有行政性、广泛性、全面性，支持和保证行政组织、经济组织和群众自治组织充分行使职权的职能，是人财物的决策者。律师事务所的党组织要保证律师队伍守住政治底线，监督律师诚信从业、依法执业。

律师事务所的发展方向即为发展目标。律师事务所发展到一定阶段，便容易出现争议。如果思想不能统一，就会耽误发展。如何避免争议，可借鉴我们党的政治智慧。党领导全国人民不断奋斗的过程中，在一些方面也出现过争议，但基本原则不能动摇。1979年3月30日，邓小平在北京召开的党的理论工作务虚会上作了《坚持四项基本原则》的讲话，提出必须坚持社会主义道路，必须坚持无产阶级专政，必须坚持共产党的领导，必须坚持马列主义、毛泽东思想。[①]1981年6月，党的十一届六中全会决议明确：四项基本原则，是全党团结和全国各族人民团结的共同的政治基础，也是社会主义现代化建设事业顺利进行的根本保证。[②]1982年通过的宪法明确规定，中国人民将继续坚持四项基本原则，为实现新时期的根本任务而奋斗。2007年修改的《中国共产党章程》明确要求：坚持社会主义道路、坚持人民民主专政、坚持中国共产党的领导、坚持马克思列宁主义毛泽东思想。到了2022年，党的二十大报告提出，全面建设社会主义现代化国家，必须牢牢把握以下重大原则：坚持和加强党的全面领导，坚持中国特色社会主义道路，坚持以人民为中心的发展思想，坚持深化改革开放，坚持发扬斗争精神。这五条重大原则内涵丰富、意义重大，是一个有机统一的整体。以此，律师事务所也可以提出适合自身特点的“基本原则”。如：坚持以习近平新时代中国特色社会主义

---

① 《1979年3月30日 坚持四项基本原则》，载央视网：http://www.cctv.com/special/756/1/50128.html，最后访问时间2024年5月31日。

② 《中国共产党中央委员会关于建国以来党的若干历史问题的决议》，载中共中央文献研究室编：《三中全会以来重要文献选编》，中央文献出版社2011年版，第166页。

思想作为指导思想，坚持百年名所的奋斗目标不动摇，坚持党组织与合伙人联席会议制度为律师事务所基本制度，坚持“立足全省、面向全国，省内一流、全国优秀”为发展追求。每个律师事务所根据自己的实际情况，把不能争议的底线列出来，形成自己的“基本原则”，有了律师事务所自身的“基本原则”，发展中的那些问题也就不争议了。尤其是律师事务所合并合伙人多的时候，如果没有一个统一的思想或原则来统领，可能会出现一些发展理念的混乱与争议。

如何处理律师事务所党组织与合伙人会议的职权关系？党组织的政治引领功能如何实现？

一是建立律师事务所的党组织与合伙人联席会议制度。即在律师事务所章程中可以把全所党务、所务、业务中的大事进行列举，比如重大规章制度的制定、所务机构的设立、所务机构的重要人事任免、律师事务所章程的修改、所级机构的设立合并分立、决定高级合伙人的加入，还有党建经费的预算、发展规划等，全部列出来：涉及党内事项的，就由党组织按照民主集中制原则去决定；涉及合伙人会议事项的，经联席会议共同研究之后，由合伙人依股权表决机制去表决；涉及党务、所务、业务共同事项的，比如党建经费预算等，就一起研究。党建经费可采取预算制加党建基金调剂制，即党建经费一年常规情况下需要多少，实行年度预算，预算要双向通过——党组织通过，合伙人会议也要通过。通过之后，党建经费一般预算执行及特殊情形下党建经费基金调剂使用，都由党组织负责人负责，这样就把这个问题比较好地解决了。

二是建立党组织前置研究清单制度。即党务所务业务中的重大事项应由党组织前置研究的实行清单列举制度。如在合伙人会议决策事项中，律师事务所章程的制定、修改；律师事务所的合并、分立、重组、解散；分所的设立、变更和解散；各级合伙人的加入；律师事务所发展规划的制定、修改；其他由党组织前置研究的重大事项还有：

在所务工作中涉及贯彻执行党中央决策部署和上级党组织决定的重要举措；贯彻落实党和国家发展战略，省、市委、市政府中心工作部署的重大举措；需要所务支持的党建方面的重要规章制度的制定、修改；律师事务所履行社会责任、开展捐助、社会救助、扶贫济困等重大事项；所务机构的设立、调整与撤销；所务机构重要人事任免；涉及全所员工切身利益的重要规章制度的制定、修改；重大资产购置与费用支出；年度所务经费预算审查；所务重要表彰奖励对象审查等事项。

在业务工作中涉黑恶案件、群体性案件等涉及国家安全、社会稳定、公众利益案件的收案办理；重要业务管理制度的制定、修改；业务表彰奖励对象审查；律师的年检考核，党务与所务业务相关融合发展等事项。

涉及上述事项时，必须书面提请党组织予以前置研究，党组织应在合理时间内书面反馈研究意见。

党组织的政治把关作用体现在如果党组织认为合伙人会议的决定违背党的方针政策的时候，可以要求暂缓执行，意见不被接受时可以向上级党组织报告。

组织建设还要增强党组织的枢纽与保障功能，贯彻落实上级司法行政机关、律师行业党委“首题必政治”的学习要求，所党组织严格落实每月集中开展思想政治、党史理论、红色经典、习近平总书记系列重要讲话等主题学习。

第二节　建设大党建格局

律师事务所的党建可以走一条大党建格局模式。大党建格局模式通常包括中共党组织建设、群团工作、双拥工作、统战工作、纪检工作、精神文明建设等方面。有同行说他们一个所几十人，党员就那么几个人，党组织在律师事务所的影响力非常小，号召力也不强，怎么办？构建大党建格局就是一种有效做法。建立共青团组织，把律师事务所的青年律师统领起来；建立妇委会（妇联）组织，把律师事务所的女性统领起来；成立工会，把全所的员工纳入工会成为会员。然后，党组织领导工青妇，实际上就统领了全所人员。党组织有了群团做助手，还有效地把全所团结凝聚起来了。

案例：江西南芳律师事务所是应改革春风于1994年4月8日成立的，当时筹备阶段仅1名员工。南芳所在媒体上刊登招聘启事时就公开提出“党员优先聘用，优先上岗”，所以在聘用员工中，招聘了2名中共党员律师。当年4月21日，南芳所召开了第一次党小组会议，对党小组成员进行了分工，提出了工作要求，由此揭开了南芳所党建工作的序幕。

那个时候，南芳所每个月都有一期《工作纪要》，现在叫《工作简报》，建所至今没有中断过。党的建设、群团建设、业务建设、所务管理等重大事项都会在纪要中全面反映。这些纪要（简报）会寄到司法部、全国律协，也会寄到省司法厅、省律协以及市司法局机关各部门。1994年10月，上级批准南芳所正式成立党小组，当月的《工作纪要》记载，有4人向党组织递交了入党申请，1人向团组织递交了入团申请，党建工作起步了。1995年元旦，南芳所邀请市直机关工委的领导来上党课。这一做法被7家媒体报道，《中国律师报》称之为“特殊的新年礼物”。从那个时候开始，南芳所党建工作就没停过了。1995年6月，南芳所党支部正式成立，2013年成立党总支，2016年成立党委，是江西省律师行业第一个（全国第五个）成立党委的律师事务所。

1996年南芳所成立团支部。2009年，民革赣州市委会第一个在南芳所设立南芳民革支部。其后，民盟、农工党、民进、九三学社等4个民主党派分别在南芳所设立以南芳命名的基层组织。2010年，南芳所设立了双拥办、统战办、纪检办、参政议政办等4个办公室。2018年成立南芳所精神文明建设办公室。2019年，经市律师行业党委批准，南芳所成立了中共南芳所纪委和南芳所党校。

南芳所的党建机构都是实实在在的。南芳所依托市工青妇组织与市双拥办，对应设立赣州市职工维权中心、赣州市妇女维权中心、赣州市青少年维权中心、赣州市军人军属维权中心。以所团组织为例，南芳所团组织是伴随党组织成长发展的，南芳所设立党小组后就设立了团小组，党支部设立后随即设立团支部，党总支成立后随即成立了团总支，党委成立后随即成立团委。在党组织取得全国荣誉的同时，所团组织两次被表彰为全国青年文明号，一次获得司法部、团中央授予的青少年维权岗称号。

所妇联也先后被全国妇联授予全国巾帼文明岗、全国“三八”红旗先进集体、全国妇女维权工作先进集体、全国妇女创先争优先进集体四项荣誉。2019年，刘嫔律师还参加了全国第十二次妇代会，2022年担任了赣州市妇联兼职副主席。

南芳所的双拥工作从2003年起步，与赣州市5个团级以上军事机关全部对口进行法治共建，设立法律援助工作站，每个月都派出律师前往值班半天，部队官兵有法律问题，可以向南芳所的律师进行电话咨询，也可以当面进行咨询。南芳所每年都要对退役士兵进行安置政策的宣传，对新兵开展法治教育，而且代理了不少比较棘手的案件。2020年6月，与市退役军人事务局、市司法局共同设立赣州市退役军人法律援助中心，每月两天安排律师到市退役军人事务局服务窗口值班。2023年建设了面向社会开放的南芳爱国主义双拥广场，并在建军节前举行了落成仪式。

南芳所的统战工作也亮点多多。南芳所有六个民主党派的成员，目前已成立了五个民主党派的组织，这些民主党派成员在南芳所发挥了积极的作用。早在2010年，南芳所还是党支部建制时，就创新设立了统战工作办公室。到2018年，南芳所的统战工作在社会组织当中已有非常大的影响力，有很多的经验可圈可点。在市委统战部的全力支持下，南芳所的统战工作部2018年12月正式挂牌。南芳所党委还制定了《加强新时代律师行业统一战线工作的若干意见》，各民主党派组织在参政议政中发挥了积极的作用。

南芳所每年要召开统战工作会议。民主党派成员中，有不少是市政协委员，他们积极参加政协视察活动，撰写重点提案，提交大会发言，每年不少提案被评为优秀提案，不少人被评为优秀政协委员。

民主党派之所以愿意在南芳所设立组织，一是可以依托南芳所的大党建获得更高认可，通过南芳大党建创新，带动民主党派的基层组织建设；二是南芳所党委重视南芳各民主党派组织的工作，经费也纳入律师事务所党的建设，统一预算，每个支部有常规费用、特殊费用、争创奖励。

大党建凝聚大力量，大力量推动大发展。如今南芳所已由建所之初的1人所发展为近400名员工、8个分所的全国百强所，全国优秀律师事务所。办公场地面积最初只有租用的65平方米，后来，南芳所五易其址，2022年10月，正式迁入1.3万多平方米、共13层楼的南芳大厦，办公条件处在全国律师行业前列，充分体现了党建促发展的成效。

第三节　做实律师事务所党建工作

律师事务所党建工作怎么抓实，其实很多律师事务所党组织书记找不到抓手。因为律师绝大部分是学法律专业的，懂党务的人不多，尤其是有党建实践、党建思考的人就更少了。

律师行业的党建除了要发挥政治引领作用之外，第一是推动律师事务所事业的发展。党建工作如果不能推动发展，那么就没有说服力。如果党建工作开展得好，但事业发展不起来，说明党建没有做实。所以，一定要把党的建设跟推动律师事务所事业发展、推动每一个员工的事业发展结合到一起，打造党建促发展的平台，让他们在抓党建工作中获得事业发展更高的一种价值追求与成效。第二，律师事务所发展了还要履行好社会责任，要回报社会，所以我们要做公益，体现社会责任感。第三，要积极开展围绕中心、大局服务的各种实践主题活动。

下文会提到党建促进律师个人成长的专业型、事业型、政治型“三段论”做法，落到律师事务所就是推动发展、履行责任、服务大局的党建“三境界”，或“三部曲”。这“三部曲”可通过四项活动来实现：一是每个党群组织，要按照党委、政府或者群团主管部门或党派主管部门的要求，每年至少开展一次围绕中心服务大局的主题实践活动，体现律师事务所的大局意识。二是开展一次围绕律师事务所发展的主题实践活动，针对律师事务所发展过程当中存在的问题，我们的党组织、群团组织可以有针对性地支持律师事务所的合伙人去把这些问题处理好、解决好。三是每个党组织、群团组织一定要开展一次履行社会责任的公益慈善活动，体现律师事务所的社会责任。四是开展一次增强律师事务所凝聚力的文体娱乐活动。

案例：江西南芳律师事务所有工青妇群团组织、4个中共支部、5个民主党派组织，再加双拥办等共13个部门，这就相当于每年至少开展50次活动。各党派各群团还可以根据自身的特点，开展其他活动。每年各支部、各群团组织把当年的工作向党委汇报，由党委委员打分，开展其他活动还可以加分，媒体报道了的也可以加分，不同级别的媒体加不同的分，通过这种考核方式让党建要求具体落地。如果排在最后三名，所党委要对其进行约谈，如果连续两年没达到要求，就要更换该组织负责人了。

第二章

以党建推动律师事务所融合发展

党建融合主要是指党建工作方法、工作成效，不能就党建抓党建，而应将党建工作融入所务工作、业务工作互促共进。推进律师事务所党建融合发展的主要抓手有组织相加、工作相融、党建引领、发展共赢。组织相加是前提，工作相融是基础，党建引领是路径，发展共赢是目标，这是推进党建融合发展的一个全链条。

第一节　以组织相加推动所务业务相融

律师事务所应当把党建群建所建和党务所务业务融合发展，作为一个整体一个重点来规划来思考。党组织不能只做“三会一课”学习，做发展党员、收缴党费工作，那样的党组织无法充分发挥作用。党组织的功能是以党建带动群建推动所建，以党务推动所务促进业务，这是律师事务所党建工作的深化目标。

例如，呼伦贝尔市坚持“五个融合”推动党建工作与律师事务所融合发展，市律师行业党委始终坚持正确的政治方向，强化党建引领作用，以推动基层党组织全面进步、全面过硬为着力点，坚持“五个融合”，促进党建工作与律所发展同频共振。

一是坚持岗位职责相融合。探索由律师事务所主任担任党组织书记，通过“一肩挑”的方式，抓紧抓实党建工作。党组织成员同时担任律师事务所的行政管理岗位，实现“双向进入、交叉任职”，促进党组织工作岗位职责与律师事务所管理工作岗位职责相融合。

二是坚持决策管理相融合。不断延伸党建工作参与律师事务所管理的广度和深度，参照“三重一大”制度，扎实开展党组织参与律师事务所决策管理相关工作，对重要事项的决策，实行党组织会议先行集体讨论并做出决策，律师事务所会议再行表决并落实的管理制度，充分发挥党组织的政治把关作用，促进律师事务所规范管理和健康发展。

三是坚持业务开展相融合。建立常态化工作汇报机制，党组织参与律师事务所工作会议，听取业务工作汇报、了解业务情况，进行审议决策。对律师办理各类法律服务进行执业纪律职业道德监督，确保将政治要求、职业道德、执业纪律、执业规范贯彻到律师执业全过程、各方面。党组织负责跟踪律师参与重大项目法律服务和重大疑难案件的办理，更好保障律师工作的正确政治方向。党建工作和业务工作相互依托、相互促进，加强政治引领是为了更好激发活力、增强动力，引导党组织和党员律师在依法诚信执业、促进事业发展上更好担当作为。加强律师队伍思想政治建设，推动党建和业务深度融合发展，努力将党的组织优势有效转化为行业发展优势，更好促进执业行为的规范、行业发展的健康，推动律师事业高质量发展。

四是坚持党日活动与公益服务相融合。积极探索党建融合党组织交流互动新模式，不断拓展党建共建平台，与社区街道、服务单位、合作单位等建立党建联系合作机制，充分发挥律师队伍的专业优势，以主题党日为载体，开展普法宣讲、法律咨询、法治“体检”、捐资助学、社会服务等各项公益活动，激活党建工作活力，带动全体律师积极履行社会责任和使命担当。

五是坚持学习培养相融合。将政治理论学习融入业务培训、研讨、执业规范、职业道德和执业纪律学习中，引导所内律师自觉拥护党的领导和社会主义法治。以“将党员律师培养为骨干律师、将骨干律师发展为党员律师”为主要目标，在选聘和选派律师时，注重律师的政治素养和业务能力两手抓，不断加强“传帮带”人才培养工作。[①]

案例：江西南芳律师事务所以党委与合伙人联席会议实现党务所务的工作相融，以党委委员和所务岗成员岗位竞合实现岗位相融。党委负责把方向、谋大局，联席会议负责议方案、作决策，管委会、业发委负责定细则、抓落实，纪监委负责执纪律、抓考核。

所党委书记与所主任“一肩挑”，实行“一岗双责”，在发展到规模较大时，设立党组织与合伙人联席会议。可由所主任、党组织书记，合伙人会议主席、管委会主席、党组织副书记、业务发展委员会主任、监事会主席等共同组成联席会议的常务会议，作为联席会议的常设工作机构。

南芳所是党支部时设纪检办，统管律师事务所纪检监察监事工作；是党委建制时设纪委，合伙人会议设监事会，所管委会设监察委，三者由党委纪委牵头，合署办公。设立党纪监察室，负责对党员进行党纪监察和教育管理；设立监事监察室，负责对合伙人进行监督；设立行政监察室，负责对员工进行监督及对律师的投诉处理。

为推动党务所务业务融合发展，建设特色党支部，第一党支部与双拥工作融合，重点做好拥军优属工作，办好双拥案件；第二党支部与工青妇工作融合，重点做好全市职工（农民工）妇女、青少年维权工作；第三党支部重点做好涉法涉诉信访值班维稳工作；第四党支部与服务乡村振兴发展融合，重点做好建设法治乡村工作，将党建工作、群团工作、业务发展与服务大局融为一体。

南芳所有长远的“百年南芳”发展目标，围绕长远目标每五年还制订一个所建规划，党建工作目标、业务发展纲要为中期计划，落实年度计划，三者犹如三驾马车，牵引着律师事务所高质量发展目标不断前行。

---

① 呼伦贝尔市司法局：《呼伦贝尔市坚持“五个融合”推动党建工作与律师事务所发展同频共振》，载https://www.hlbe.gov.cn/News/show/1089817.html，最后访问时间2023年12月1日。

第二节　以党建凝聚人心

党建工作不仅是做组织建设、思想建设等工作，更重要的是做人的工作，做凝心聚力的工作。通过党建群建增强凝聚力，通过凝聚力增强发展力，是党建工作的要务之一。党组织与群团组织要让员工更有家的归属感，在这个方面，可以发挥积极作用。各党群组织应建立关怀机制，以党组织联系党员、工会联系职工、共青团联系青年、妇联联系妇女为纽带，抓住员工生日、建所日，以及妇女节、劳动节、青年节、国庆节、元旦、春节等节日开展相关活动，以党群各项活动凝聚人心。

案例：江西南芳律师事务所每年春节节后上班的第一天举办团拜会，律师事务所员工都将家乡特产带到所里来，共祝新春，增强凝聚力，这已经成为南芳所的正月团拜文化。

所工会每年组织一次邀请员工家属参加的旅游活动，逢员工生日、婚庆、患重大疾病等，所工会都会出面祝贺或者表示慰问。党员遇到困难，党组织或工会要开展关怀慰问活动。对业务发展困难的优秀党员律师，将律师事务所的公共业务资源对其进行倾斜帮扶。

第三节　以党建引领律师事务所文化建设

文化赋予一个组织以灵魂，某一组织一旦形成了优良的文化，这种文化便会推动每一个成员的内在行为向真、向善、向美，从而实现组织群体行为的完善。律师事务所文化是以人为中心，在律师事务所的建设和律师队伍成长过程中逐步形成的，可以增强律师事务所的凝聚力、创造力和原动力的各种精神因素、道德因素、信念因素、环境因素、职能因素的总和。律师事务所的文化建设具有深远的意义。习近平总书记指出，“坚持文化自信是更基础、更广泛、更深厚的自信，是更基本、更深沉、更持久的力量”[①]。对一个民族、一个国家来说，最持久、最深层的力量是全社会共同认可的核心价值观。从大的方面来说，要不断提升国家文化软实力、中华文化影响力。从小的方面来说，每个行业、每个企业都应有自己的文化。律师事务所也不应例外，要以党建引领律师事务所文化建设，以文化建设推动律师事务所事业发展的良性循环。

案例一：江西南芳律师事务所以党建引领所建文化建设。南芳所在社会主义核心价值观的基础上，结合律师行业的特点，提出了南芳“八荣八耻”——以爱党爱国为荣，以背国求荣为耻；以忠于事实为荣，以违背事实为耻；以依法执业为荣，以悖离法律为耻；以恪守道德为荣，以丧失道德为耻；以诚信服务为荣，以未尽勤勉为耻；以同行相尊为荣，以诋毁同行为耻；以业务精湛为荣，以平庸无为为耻；以维护公平为荣，以损人利益为耻。

南芳所还有其他一系列的文化载体。有自己的《所规所章篇》《治所思想篇》《爱所教育篇》系列丛书。每五年会编《南国流芳》的合订本。南芳所有自己的所刊，1995年初办时是油印的《南芳律师通讯》，不断演变到现在彩印版的《南芳法律与生活》，成为面向社会的大众法治刊物。这份刊物内容包括面向社会的案例分析、案件报道、法律解读等。新闻出版部门给南芳所特批了连续性内刊号。这既是对南芳刊质量的认可，也反映了有关部门对南芳所

① 习近平：《举旗帜聚民心育新人兴文化展形象 更好完成新形势下宣传思想工作使命任务》，载《人民日报》，2018年8月23日第1版。

党建的充分肯定与信任。

南芳所有自己统一的所服。还有自己的所歌，并曾荣获司法部的金剑文化艺术奖。南芳所秉承“以党建引领律所文化建设，以文化建设推动律所传承发展”的理念，逐步形成了以“我们南芳·快乐出发”为主题的信念启程暨新春团拜会、以“我们南芳·赓续辉煌”为主题的律所周年庆活动、以“我们南芳·欢乐成长”为主题的南芳主题春晚——南芳三大特色文化板块。

南芳网站、微网站、公众号作为文化平台也是各有特色。律师事务所网站有党建板块，南芳党建公众号侧重推送党建工作、社会公益、参政议政、履行社会责任等方面的信息。律师事务所公众号侧重推送所建工作、业务类专业文章。每个党群组织每年必须更新课件内容与展示形式，做到与时俱进。实施“南芳智慧党建”项目。与专业机构合作开发南芳智慧党建平台，运用互联网和新媒体技术，打造标准化南芳党建，并升级成为可便捷推广运用的南芳智慧党建平台，努力实现党建促发展，充分运用南芳党建品牌影响力，助推南芳事业高质量发展。

做好南芳党校的平台功能工作，创新市场运营，拓展与其他成熟培训机构的战略合作，广泛建立学员引流渠道，充分发挥好南芳党校红色教育资源丰富的优势，鼓励南芳所党委委员、党务工作者积极参与南芳党校授课任教。

案例二：江苏徐州市司法局、市律师协会高度重视律师行业文化建设，秉承建设“坚持信念、精通法律、维护正义、恪守诚信”的律师队伍理念，深入发掘总结提炼具有徐州特色、彰显徐州律师风貌的“徐州律师精神”，积极通过文化建设推动律师行业发展。

一是党建引领红色文化。坚持以党建促队建、以党风塑行风、以党务带业务，在全市律师行业建立“第一议题”学习制度，落实“首项必政治学习”要求，有力推进政治建设。召开行业党委会议研究推进重点工作落实，拉网式组织“三个集中”行动，确保行业党组织有效全覆盖。指导各行业党支部开展“党建+”“党建共建”“党建和创”等特色党建项目，形成鲜明行业红色文化。

二是诚信彰显行业文化。坚持把抓律师诚信教育作为律师文化和律师事务所业务建设的重要内容，印发《关于严格查处律师执业投诉全面落实律师惩戒措施的通知》，全面发挥检查考核指挥棒导向作用，严格规范律师执业行为，加强律师事务所内部管理。采取理论研讨、行业剖析、业务讲座、模拟法庭等形式，开展“警示教育月”“做党和人民满意的好律师”等主题活动，拓展行业教育整顿成果，强化律师诚信执业观念，促进诚信建设有效抓实。

三是品牌塑造阵地文化。充分发挥律师事务所行业文化建设的主阵地作用，坚持以“阵地文化”引领推动律师事务所专业化、职业化、品牌化建设。定位品牌战略发展目标，鼓励律师事务所强强联合、适当兼并、扩容增量，借助各自特点和优势，推进规范化管理，形成合理分工，创建专业品牌，切实提高整体服务水平。

四是活动凝聚团队文化。积极推动律师行业文化建设，促进弘扬行业正能量，积极支持律师参与公益法律服务活动，有效增强行业凝聚力，形成特色团队文化。举办“微信公众号及自媒体运营线上讲座培训”活动，引领优质行业文化创作，促进多渠道宣传徐州律师行业文化建设，有力推动全市律师社会形象提升。①

第四节　以党建促进人才成长

“得人者兴，失人者崩”，人才资源是第一资源。一个律师事务所事业能否持续发展，一定程度上取决于人才。党建要服务律师事务所人才成长，怎

① 《徐州四项举措推进律师行业文化建设》，微信公众号“徐州市律师协会”2022年7月26日。

么来实现？首先要解决一个党组织的党员先进性跟业务骨干的关联性问题。有些律师事务所，党员不是业务骨干，业务骨干不是党员，党员的先进性与业务的骨干性相分离。如何解决这一问题？建立双向培养制度是一条有效路径。对有政治追求的业务骨干，要引导他入党；能发挥先锋作用的党员，要把他培养成业务骨干。通过党组织的桥梁纽带联系，以师徒关系、师生关系、团队关系进行结对帮扶的方式，把优秀的青年律师作为律师事务所的业务骨干来培养，引导他们加入党的组织。

案例一： 江西南芳律师事务所总结提炼了律师成长“三段论”培养模式。第一阶段，把专业做好，做精专业赢得当事人认同，做专业型律师；第二阶段，引导其加入合伙人组织，做大事业，履行社会责任，做社会认可的事业型律师；第三阶段，引导他们有更高的政治追求，加入中国共产党或者民主党派，争做“两代表一委员”，做一名党委政府认同的、服务大局关注民生的政治型律师，把政治要求站位放到最高境界。所以，南芳所的律师就按专业型、事业型、政治型来培养，南芳所目前有现任“两代表一委员”17名，已实现了从事业型大所到政治型大所的跨越发展。“用目标鼓励人，机制留住人，品牌吸引人，平台锻炼人，事业成就人”，这五句话把南芳所的律师一个一个阶段往前推进，他们都有职业规划，都有理想，都能够知道自己下一步要做什么，往哪个方向发展。

南芳所的“三段论”培养模式，得到了同行的认可。《中国律师》为此以《南芳：“三段论”培养促发展》专访报道过。2018年起，南芳所在“三段论”的基础上，推出了一个创新之举，即加入合伙人必须先加入中国共产党或民主党派，加入高级合伙人必须在党群部门主要岗位上历练一年以上并获得荣誉；所务部门需要管理层人员，由各党派支部、群团组织向所党委推荐，党委考察认可后，提交常务会议研究，到所务部门任职，是党管人才的体现，也是律师行业社会组织党管“干部”的南芳经验。目前，南芳所的65个合伙人全是中共党员或民主党派成员，这就确保了这支队伍不仅有事业追求，还有政治站位。以这种方式引领他们不断前行，也是南芳党建的一大亮点。

各党组织、群团组织每年按照规定条件推选并建立优秀后备培养人才库。对于后备培养人才，律师事务所除给予关心引导外，在业务上还要作为权益高伙选择团队成员、建立师徒关系、聘为助理秘书的首选。权益高伙应当从后备培养人才库中选择培养对象。从2020年起，每年度举办一期南芳律师“梧桐”青训营，将各党群组织推荐的优秀后备青年律师，在政治思想、党建水平、管理能力、业务技能等方面进行重点培养。

此外，南芳所对正式入所律师开展年度集中培训，并定期举行新员工入所仪式。

案例二：浙江前湾律师事务所十余位青年律师，平均年龄27岁，这样的人才队伍现状，有优有劣，有喜有忧。喜的是，人员年轻，有活力；忧的是，人才队伍偏年轻、缺乏领军人物。为此，前湾所党支部将人才建设作为重头戏，全面贯彻落实宁波市律师行业人才工作座谈会精神，下大力气、花大本钱来抓。支部结合律师事务所工作实际，以建设一支将来能在行业内立得住、叫得响的领军人才为目标，强化人才队伍建设。在党支部指导下，青年律师组成“未蓝圈”，由他们自主谋划专业能力发展，律师事务所提供配套经费，在引导青年律师树立思想观念的同时，鼓励青年律师自觉学习、快速成长。2020年以来，“未蓝圈”青年律师积极参加“青训营”“微型党课”“专题演讲”等各类活动和比赛，还通过“小鹅通”直播等方式向社会普法。实践是人才成长最好的课堂，青年律师有了更多脱颖而出的机会，“未蓝圈”也成为前湾所党支部党建工作的一大亮点。①

① 《党建促所建：前湾所多点发力描绘“党建+业务+人才”同心圆》，微信公众号“宁波市律师协会”2022年11月30日。

第三章

以党建推动履行社会责任和服务大局

2018年，中共中央印发《中国共产党支部工作条例（试行）》，第十条明确，不同领域党支部结合实际，分别承担各自不同的重点任务。其中，社会组织中的党支部：引导和监督社会组织依法执业、诚信从业，教育引导职工群众增强政治认同，引导和支持社会组织有序参与社会治理、提供公共服务、承担社会责任。由此可见，社会组织党组织应将承担社会责任作为重点任务来抓。

第一节　以履行社会责任丰富党建内涵

以履行社会责任丰富党建内涵，扩大外延，把履行社会责任作为党建工作的一部分，从某种意义上来讲是一个创新。其实，很多律师事务所都在做公益，但他们是以律师事务所的名义开展公益活动，不是以律师事务所党组织或群团名义来组织开展。要把开展社会公益活动都纳入党建工作，体现党建工作服务社会服务大局的成效。

近年来，全国律师行业涌现出一大批党员律师先进典型，在疫情防控、援藏援疆、法律援助等各方面发挥了表率作用，为化解社会矛盾、服务经济社会发展、促进社会公平正义作出了巨大贡献。在健全党的组织体系基础上，要进一步推动党员律师积极投身社会公益事业，履行好社会责任。同时也要鼓励党员律师投身社会普法活动，广泛开展法治宣传教育，切实发挥好典型示范作用。

案例一：2010年6月，江西南芳律师事务所以工会名义设立了面向社会的慈善法律援助基金100万元。

2008年汶川大地震，南芳所在所党支部的倡议下捐款3.6万元。2020年年初，在抗击疫情中，南芳所党委发出捐款倡议，全体党员员工共捐款13万多元。

南芳所党组织要求每个群团组织和各民主党派基层组织都要开展公益活动。南芳所开展的公益活动图片入选国家博物馆庆祝改革开放40周年大型图片展《伟大的变革》。赣州市有6张图片入选，其中一张就是南芳所的。南芳所党支部还组织开展爱心午餐活动、关注留守儿童活动等。

南芳所获得的慈善事业奖等荣誉也不少，捐款捐物价值累计达到300多万元。其中有些是由南芳所发起，动员顾问单位一起参与，顾问单位出钱，南芳所来策划，大家一起出力，共建公益事业。

案例二：北京金杜律师事务所始终心怀回报社会的理想，把公益事业融入事务所发展的血脉，多年来持之以恒地积极投身多种社会公益活动和项目。

一是开展“金杜延庆农村公益法律服务”项目。从2008年开始，除事务所每年提供资金支持外，以金杜所党员律师为主的志愿者每年定期赴延庆开展培训和现场指导。

二是积极参与“西部律师研修计划”。作为该项目的十家发起律师事务所之一，金杜所积极参加北京市法律援助基金会组织发起的“西部律师研修计划”，为西部律师行业发展提供支持。

三是协力开展公益“抗疫”。在2020年疫情防控最吃劲的关键时候，金杜所成立物资捐助协调小组，协调全球办公室资源，采购了共9批、逾93万件疫情防控急需的医疗物资，及时交付武汉市、孝感市、黄冈市和京山市等抗疫第一线的医疗机构和单位。此外，金杜所的律师及员工志愿者们积极行动，自发组织筹措捐赠款项。据不完全统计，金杜所通过各种途径累计捐赠款物逾700万元。

四是助力河南抗洪救灾。2021年，河南多地遭遇特大水灾，金杜所及时发起了“驰援河南抗洪救灾”专项募捐倡议书，募集到金杜员工爱心善款74万多元，同时事务所调配专款600万元，帮助河南民众渡过难关。[①]

案例三：敬业奉献是北京大成律师事务所一直践行的社会责任理念。向贵州省毕节市捐助100万元，用于改建毕节市小坝镇汉屯小学；主动开展第一批中小企业志愿服务工作站、志愿服务专家认定工作……大成所积极探索新时代“党建+公益”新模式，在法律援助、慈善捐款、普法宣传、捐资助学、扶弱敬老、助力西部、疫情捐赠等多方面尽己所能，诠释了大成所的责任担当。2007年，大成所创立大成慈善基金。2022年1月，在大成所党委领导下，大成公益法律服务中心正式成立，为大成所的公益法律服务工作搭建了全新的平台，实现了法律援助服务的制度化、规范化。[②]

第二节　以法律服务为抓手，围绕中心服务大局

律师行业最大的资源优势就是法律人才与法律服务，党建工作离不开服

---

① 刘延岭：《守正创新 笃行致远 推动律师事务所高质量发展》，微信公众号“北京市律师协会”2021年11月1日。

② 杜洋：《党建引领律所可持续健康发展——北京大成律师事务所党建工作探秘》，载中华全国律师协会：https://www.acla.org.cn/article/page/detailById/33379，最后访问时间2024年5月31日。

务大局。围绕中心服务大局就是要发挥自身优势。近年来，全国律师行业和广大律师坚决贯彻落实党中央决策部署和司法部的工作要求，锐意进取、真抓实干，不断推动律师工作取得新成效。律师行业始终坚持以人民为中心，依法忠诚履行诉讼辩护代理职责，主动承担社会责任，切实维护人民群众合法权益。党建工作一定离不开服务大局。聚焦高质量发展主题，广大律师积极参与维护社会稳定、基层平安创建、社会矛盾化解等工作，为建设更高水平平安中国、法治中国作出重大贡献。

案例一：北京金杜律师事务所发挥自身专业优势，积极利用国际经贸规则，切实维护国家经贸利益，完成一系列国际贸易和有关WTO争端重要案件，如代理中国企业应诉美国201调查案件，就欧盟对华反倾销“替代国”做法提起世贸诉讼，诉美国反补贴措施世贸争端案，等等。

在服务“一带一路”倡议方面，金杜所承办了众多具有里程碑意义的“一带一路”重大项目，深度参与了“一带一路”重点基础设施和能源项目，累计为上千个“一带一路”项目和事项提供服务，涵盖能源、交通、信息等基础设施，以及金融、制造、服务等“一带一路”建设重点行业。2019年3月，金杜所发起成立“一带一路”国际合作与促进中心，旨在充分发挥金杜所国际化多元化优势和创新服务模式，有效连接政府和企业，为中外参与者提供优质专业服务。

为响应粤港澳大湾区建设上升为国家战略，从2018年4月开始，金杜所进一步加强融合，在大湾区建设金杜国际中心。金杜国际中心关注粤港澳大湾区的市场需要，重点发展“一带一路”、“走出去”、高端金融服务、私募/风险投资、资本市场、独角兽企业、知识产权保护、跨境争议解决等业务领域。

金杜律师还积极参与国家与地方立法，向有关部门呈报若干立法意见：提出关于慈善信托税务优惠的建议；参与人民银行部分金融监管项目的法律研究与论证；参与保险资产证券化课题研究，研究成果供监管部门决策参考；

为朝阳区“自贸区”建设提供咨询意见；等等。[①]

案例二：甘肃省白银市紧盯中心大局，认真履行社会主义法律工作者的担当作为。2022年，白银市消防支队成立该市首家公职律师办公室，开创了公职律师新局面，律师参与政府重大行政决策、合同协议审查复议、诉讼案件代理等政府涉法事务能力不断提升；制定了《关于开展“一村（居）法律顾问”工作的实施方案》，组织律师面向全市838个村（居）签订了法律顾问协议，形成了覆盖市、县、乡、村四级法律服务体系，积极开通“小律服务”小程序、抖音直播等线上多媒体形式，让人民群众切实享受到“互联网+村（居）法律顾问”带来的便捷、普惠式的公益法律服务，进而提升人民群众的法治获得感、幸福感。[②]

第三节　以党建为引领，努力推进法治中国建设

党的二十大报告提出，坚持全面依法治国、推进法治中国建设，并从中国特色社会主义法律体系、依法行政、公正司法、法治社会四个方面作出重要论述，充分体现了以习近平同志为核心的党中央对全面依法治国的高度重视。深刻领会和坚定落实党的二十大报告关于法治中国建设的重要部署，律师队伍应当成为法治社会建设的引导者、弘扬者和执行者，为全体人民知法、懂法、信法、守法作出更大贡献。同时，律师服务贯穿立法领域、法治改革、司法监督、涉外法律服务、法治理论研究和宣传各个方面。夯实理论知识学

① 刘延岭:《守正创新 笃行致远 推动律师事务所高质量发展》，微信公众号“北京市律师协会”2021年11月1日。

② 《坚定信念跟党走 践行使命显担当》，微信公众号“白银司法”2022年10月21日。

习，为坚持和完善中国特色社会主义制度、推进国家治理体系和治理能力现代化，提高党依法治国、依法执政能力贡献律师力量。

党领导人民依法治国，律师是中国特色社会主义的法律工作者，应当积极弘扬宣传社会主义法治精神，传承中华优秀法律文化，引导人民做社会主义法治的忠实崇尚者、自觉遵守者、坚定捍卫者。

律师事务所党组织应当倡导律师在业务办理过程中，对有重大影响、有法治教育和宣传报道价值的案件，办结之后都要写出来，进行报道。从这个角度而言，其实也是一种推进法治进程、维护公平正义、构建法治社会的重要举措。

案例一：江西南芳律师事务所廖泽方、刘嫔、卢盛宽等律师办理的革命烈士彭某华遗属待遇案，为推动《军人抚恤优待条例》的修改贡献了力量。1985年，赣州一个农信社金库保管员彭某华，晚上值班的时候被杀害。案件一直到1997年才告破。案发时，歹徒要他交出金库钥匙，但彭某华宁死不交。最后，金库钥匙在床底下找到了。他母亲坚定地认为，儿子是为保护国家财产才壮烈牺牲的，应该是革命烈士。经过他母亲数年的奔走，2003年民政部门为彭某华颁发了革命烈士证书。

一次偶然的机会，廖泽方律师看到报道后，感动之余想起好像有人来咨询过类似问题，只是没有交代该案的背景。核实清楚确实是该案的当事人后，便表示可以提供法律援助。一个多月以后，彭某华的遗孀再次来到了南芳所寻求法律帮助，廖泽方决定接受委托，并组成办案组为其提供法律援助。之后在与用人单位协商无果的情况下，代理当事人依法提起劳动仲裁，省劳动仲裁委裁决用人单位赔偿一次性抚恤金9万多元等。随后，向市民政部门提出要对烈士的父母给予抚恤待遇。市民政部门表示同意，但对从什么时候开始享受烈士遗属待遇把握不准。市民政部门后逐级请示到民政部。民政部予以回复，说按照国家的民政抚恤政策，只能从追认的年份起享受烈士待遇，并予以落实。

这个案件就成为推动《军人抚恤优待条例》修改的重要动因。案件的社会效果、法律效果、政治效果都是非常好的。正如中央电视台以《迟到十九年的荣誉》为题对该案进行报道时所说："我们应该向那些律师致敬，在这里，法律没有变成他们牟利的工具，而是维护正义的准则。"

案例二：2003年，某县城建局局长被检察院监视居住，犯罪嫌疑人监视居住不是在家里或者指定的场所，而是被拘押在检察院。江西南芳律师事务所的肖律师坚持认为该证据属于非法证据，因为监视居住地点不符合法律的规定。这一观点被法院采纳，最后认为是非法证据不能作为定案依据，宣告该被告无罪。随后不久，最高人民法院出台非法证据排除司法解释，应该说该案件起到了积极的舆论先导作用。

第四章

中小律师事务所的党建探索

根据司法部发布的《2022年度律师、基层法律服务工作统计分析》，截至2022年年底，全国共有执业律师65.16万多人，律师事务所3.86万多家。从律师事务所规模来看，律师10人（含）以下的律师事务所2.53万多家，占65.5%，律师11人至20人（含）的律师事务所8023家，占20.74%，律师21人至50人（含）的律师事务所4037家，占10.44%，律师51人至100人（含）的律师事务所784家，占2.03%，律师100人以上的律师事务所500家，占1.29%。①考虑到统计分析将律师事务所律师人数规模划分为5档，我们暂且将居中的一档律师人数50人以下的律师事务所统称为中小律师事务所，占全国律师事务所总数的96.68%。中小律师事务所比重占我国律师事务所总数的绝大部分，因此，全面加强中小律师事务所党建工作是实现律师行业党的组织有效覆盖的重中之重，是推动新时代律师行业党建工作高质量发展的必然要求。

加强中小律师事务所的党建工作必须坚持以习近平新时代中国特色社会主义思想为指导，深入贯彻落实党的二十大精神和新时代党的建设总要求，进一步健全完善中小律师事务所党建工作机制，着力补短板、强弱项、解难题，切实提高中小律师事务所党建工作质量，推动党的领导落实到律师行业发展的全过程各方面。

---

① 《2022年度律师、基层法律服务工作统计分析》，载司法部：https://www.moj.gov.cn/pub/sfbgw/zwxxgk/fdzdgknr/fdzdgknrtjxx/202306/t20230614_480740.html，最后访问时间2024年5月6日。

第一节 努力提升中小律师事务所的党建工作水平

中小律师事务所普遍存在律师人数少、党员少、管理不够规范、党建意识偏弱、经费保障不足等特点。提升中小律师事务所的党建工作水平，必须采取综合举措。既要增强其党建意识，提高中小律师事务所党的组织覆盖质量，推动党建工作各项要求落实落地，也要强化组织领导和工作保障，健全联系、指导、帮带机制，提高经费保障水平，为全面加强中小律师事务所党建工作提供有力支撑。

一、提升中小律师事务所党建工作水平的自身举措

提升中小律师事务所的党建工作水平首先应从自身方面入手。

一是中小律师事务所主任与律师事务所合伙人应高度重视律师事务所党的建设工作。是中共党员的应担负起党建工作的主体责任，不是中共党员的应带头向党组织靠拢，提高思想认识，创造条件，尽早加入党的组织。

二是中小律师事务所在招聘律师时可以贯彻同等条件下“党员优先聘用，优先上岗”的原则，注重发展党员队伍，注重加强对青年律师的培养，采取“双向培养”“师徒带教”等方式，把业务骨干培养入党，把党员作为业务骨干来培养，积极引导律师增强入党意识，并将进入合伙人与加入党的组织相融合，同步要求，同步培养，不断吸收新鲜血液，壮大律师事务所党员律师队伍。

三是中小律师事务所主任与律师事务所合伙人应牢固树立抓党建就是抓生产力与抓党建就是促发展的理念，注重律师事务所党的组织建设。不具备设立党支部条件的可先设立党小组，在条件具备后及时设立党支部，不具备

设立党小组条件的，应主动要求同级司法行政机关或律师行业党组织指派党建工作指导员。

四是中小律师事务所主任与律师事务所合伙人应重视工青妇群团建设，适时成立群团组织，作为党组织的助手，增强党组织的凝聚力、影响力、号召力、战斗力。

五是中小律师事务所可设立党支部（党员）与合伙人联席会议制度，共同研究律师事务所重大事项，充分发挥党支部的战斗堡垒与政治引领作用，发挥党员的先锋模范作用，对律师事务所合伙人会议作出的决议决定是否符合党的方针政策，是否符合法律法规，党支部（党员）要发挥政治保障功能作用，引导律师事务所律师依法执业、诚信从业。

六是中小律师事务所主任应帮助律师做好职业规划，引领律师走专业型、事业型、政治型发展模式，增强政治认同，努力做让党和人民满意、客户认可的好律师。

七是中小律师事务所与律师事务所党组织应积极开展创先争优活动，不断提升律师事务所的社会美誉度、信用度、党和政府认同度，推动律师事务所团队化、专业化、规范化、规模化发展。

八是中小律师事务所党建工作应立足推动律师事务所事业发展，积极履行社会责任，围绕中心服务大局来开展。每年至少开展一次服务党委政府中心工作的主题实践活动，一次推动律师事务所事业发展的主题实践活动，一次履行社会责任的公益慈善活动，一次增强律师事务所凝聚力的文体娱乐活动。注重新媒体、自媒体宣传工作，及时做好党建工作、公益活动、典型案件的宣传报道工作，不断扩大律师事务所影响力，推动律师事务所事业发展。

九是中小律师事务所应进一步加强党建阵地建设。应按照“五个一”标准和要求，“完善功能、一室多用”的原则，塑造党建制度的阵地氛围。抓好党建领航“聚力提优工程”。进一步加强党对律师事务所文化建设的引领，大力宣传中国特色社会主义法治文化、宣传社会主义核心价值观，做好文化阵地建设，增强律师事务所的凝聚力和竞争力。

十是中小律师事务所应进一步加强党建工作的创新，努力实现党务所务业务，党建群建所建的融合发展。

案例一：江西南芳律师事务所1994年4月成立，发展到目前含分所在内近400人，其中，总所中共党员71人、分所中共党员51人，目前已是江西省最大规模的律师事务所。2023年，业务总量与建所之初相比增长了200多倍，法律顾问单位300多家，办理案件3350件。

南芳所社会形象与经济效益同步提升，互相促进。据不完全统计，从1994年4月成立至2022年12月，全国媒体对南芳所的党建工作、社会公益、典型案件的报道有3200多篇次。如果花钱去做广告，不一定有这个效果，而通过新闻报道方式达到宣传目的，其社会价值更高，效果更好。2011年4月15日，《人民日报》理论版以《更好地履行律师使命》为题刊载了对南芳所党建工作的调查文章。2012年11月3日，《人民日报》刊登了题为《党建：集聚和谐正能量》的文章，报道了南芳律师事务所党支部书记廖泽方以党群建设带动律师事务所发展的工作事迹。2012年11月12日，《人民日报》刊登题为《“两新”组织党建服务科学发展》的文章，全面介绍了十八大代表廖泽方如何创新社会组织管理、实现自我发展，依靠抓党建带群建促业务发展走出了一条特色发展新路的工作经验。

2024年3月至4月，南芳所成功举办了30周年党建工作媒体见面会、党建工作30年报告会暨文艺演出，被多家主流媒体报道，线上浏览量超1200万次。

南芳所党建促发展经验证明：一是只要重视党建工作，中小律师事务所也同样可以做好。南芳所成立之初只有1人，现在发展到近400人，说明党建不分规模大小，从1名党员发展到今天的120多名党员，从党小组发展到党委，从革命老区走向全国，只是不同阶段有不同的党建工作重点，不同规模有不同的党建工作方法。二是持之以恒、久久为功，南芳所自1994年成立就开始抓党建，30年来从未间断。三是不断创新，做出特色亮点，将探索实践及时总结。总之，党建可以促发展，要认同党建工作的价值，才能主动作为。

案例二：广东固法律师事务所始终将党建工作作为律师事务所创新发展的“压舱石”，让党建工作真正成为提升律师事务所生产力、竞争力、品牌力和公信力的“新引擎”。

一是将党建工作与律师事务所发展的战略定位和行动规划相结合，坚定道路自信。

党建工作围绕中心服务大局，可以获得巨大的法律服务资源，促进事务所创新发展。中小型律师事务所虽然人数少、规模小，但也应有自己的战略定位和行动规划，否则在发展中容易失去方向，或者在困难形势下变得无所适从。事务所在确定自身战略定位和行动规划时，要结合专业特点和实际情况，紧紧围绕党的大政方针和政府中心工作来做文章。

固法所在发展中逐步将打造“全国一流国际化精品律师事务所”确立为战略目标，以涉外法律服务为特色，紧紧围绕国家“一带一路”倡议、“粤港澳大湾区”建设、优化营商环境等中心工作确定专业领域以及设定远期和阶段性规划目标，目前已取得初步成效。这得益于律师事务所合伙人团队在开展党建工作的过程中，把专业服务和党的大政方针与政府中心工作有机结合，并从中找出自身的竞争优势和专业特色。

二是将党建工作与律师事务所管理相结合，坚定制度自信。

在律师事务所党建工作中，设立党建工作机构，可以变单一合伙制管理体制为多轨的管理体制，进一步弥补合伙组织框架当中的不足，提高决策科学性和准确性。“双向进入、交叉任职”，确保党组织和党员能全方位、多层次参与律师事务所重大决策和管理，党组织的联系纽带作用以及党员的模范带头作用得以强化。总之，将党建工作与建立最符合律师事务所创新发展的内部管理制度结合起来，走特色发展道路。固法所各项重大制度的制定和修改，党组织都深度参与。党支部各位党员律师也是各项制度的设计者、制定者和实施者。

三是将党建工作与律师事务所思想建设相结合，坚定文化自信。

党建工作具有极强的思想统一性，其主要任务之一就是把律师事务所的党员和非党员人士团结起来，把全所同事的思想统一到律师事务所发展这一根本目标上来，增强律师事务所的向心力、凝聚力。固法所在开展党建工作时非常注重对事务所愿景、使命和价值观的宣讲、解释和传播，并热心公益活动，提倡社会责任、情怀担当，让事务所全体人员充分认识到事务所存在的价值和自身工作的意义。坚定文化自信，对增强中小型律师事务所全体成员的使命感和责任感，稳定队伍，吸引和留住优秀人才都有非常重要的现实意义。

党建工作与事务所创新发展并非孤立存在，而是紧密联系。如果把一家事务所比作一艘正在大海上航行的船，党建工作就是这艘船的“指南针”“压舱石”“新引擎”。抓好党建工作，将党建工作与事务所创新发展有机融合，才能让事务所的发展走得对、走得稳、走得远。①

案例三：中小型律师事务所是目前上海律师行业的构成主体，也是基层公共法律服务体系建设和多元化纠纷解决机制的积极参与者，因此，如何从中小所面临的发展现状和实际问题出发，找到适合中小所特点和需求的党建工作方法，提升中小所党建工作的科学化水平，是上海律师行业党建的重点内容之一。

上海律师行业以党建引领为抓手，搭建交流共建平台，强化思想政治建设，帮助中小所加强凝聚力和向心力，发挥党组织在事务所中的政治核心作用，以“党建促所建”“党建带队建”，带动中小所发展，努力打造一支政治

① 《打造党建新引擎推动中小型律所创新发展》，载广州日报：https://www.gzdaily.cn/site2/pad/content/2020-10/13/content_1396139.html，最后访问时间2023年12月1日。

过硬、专业精通、有丰富基层工作经验的党员和律师队伍，探索一条新时代的“中小所党建特色之路”，从而以团结自信的精神面貌和协调开放的创新理念促进律师行业整体发展，在实践中取得了较为明显的成效。

2007年，经过浦东律师党委批准，作为浦东乃至全市的首创，浦东新区律师第一联合党总支正式成立，第一联合党总支现辖10个党支部（9个独立党支部和1个联合党支部），包含14家律师事务所，共51名党员，律师事务所平均律师人数在12人，平均党员人数不到4人（其中，联合党支部所包含的律师事务所党员人数均不满3人），党员年龄从二十几岁到六十几岁。在上级党组织的领导和支持下，通过不断摸索实践，第一联合党总支逐步形成一套中小所党建工作的特色方法，概括为“凝聚归属、提升责任、增强荣誉”。

抓党建，搭平台，凝聚归属感。浦东新区律师党委下辖全区几百家律师事务所党支部，不同于大型律师事务所，中小所基层党支部和党员受自身条件限制，平时缺乏广泛的交流机会，信息传递不够顺畅，更加需要第一联合党总支在律师党委与基层党支部之间、律师事务所与律师事务所之间搭建沟通桥梁和交流平台。

第一联合党总支积极履行组织职能，及时掌握各支部的工作情况和思想动态，主动指导和帮助支部开展相关工作，并对总支各委员和支部书记提出“三个一”要求：“一份简报、一次谈话、一场学习”，要求第一联合党总支的各总支委员和支部书记，按片区通过电话、邮件、微信、谈话交流、业务学习等多种方式向基层律师事务所党支部和党员传达组织精神、传递工作信息、加强思想政治建设，让流动性比较大的中小所律师党员和群众都能感受到组织上的关心和关注，在思想上明确了方向，在心理上感受到温暖，从而凝聚、加强了归属感，在党组织的引领下，努力实现律师行业党建从有形覆盖到有效覆盖，积极融入党建和发展大局。

抓党建，带队伍，提升责任感。第一联合党总支结合中小型律师事务所的实际业务方向，坚持以“党建+公益”的创新形式，鼓励和强调律师事务所党员应当具备的坚定政治立场和强烈社会责任，带领律师深入基层，服务百姓，化解矛盾，提供咨询，维护社会和谐和公平正义。第一联合党总支逐渐将公益法律服务、履行社会责任确立为锻炼党员队伍、发挥律师作用、促进社会治理创新的法治化进程的着力点和落脚点，充分发挥律师在社区多元化纠纷解决机制中的专业优势，彰显律师在加强社会治理中的重要作用，以党建带队建、促业务、推改革，扎实有效地开展党建工作。

长期以来，第一联合党总支支持各家律师事务所和广大党团员律师积极参与所在社区和全社会各类困难群体的公益法律服务，不断提升党员律师的责任感、使命感和为人民群众服务的能力，以律师的法律专业知识和法治思维方式，加强和创新社会治理，维护公平正义，引领行业和事务所公益文化，凝聚和传递律师行业正能量。

抓党建，树典型，增强荣誉感。经过调研发现，受律师事务所自身发展现状的影响，部分中小所律师尤其是青年律师存在发展规划不清晰、职业自信心不强、就业安全感较弱的情形。在这方面，第一联合党总支注重强化典型示范，积极为表现突出的党员和律师创造发展的机会，帮助他们成长为事务所管理和行业发展的骨干力量，提高他们的社会认知度和品牌美誉度，以典范榜样和领军人才的力量鼓励和带动广大党员和律师共同发展，增强中小所律师的荣誉感和自信心，加强律师队伍的稳定性。第一联合党总支在下属支部的青年支部书记中充分挖掘，通过党总支积极向主管部门和组织上推荐，为青年律师创造机会，展示才能，树立榜样。

坚持把抓党建作为最核心的工作，把中央精神与律师工作实际结合起来，浦东律师第一联合党总支在各级司法行政机关和党组织的指导支持下，带领下属各支部和中小律师事务所实现了稳定发展，锤炼了老律师的党性修养，也培养了中青年党员、律师事务所骨干带队伍和引领律师事务所发展的能力，更搭建了中小所青年律师交流互动、不断成长、投身公益的平台，从而全面反哺和带动了律师事务所业务的建设和提升，推动了行业的统筹协调发展。

虽然中小所的单体规模小，但基数大、涉及面广，基层律师事务所党组织也与社区、老百姓的联系最为紧密、最“接地气”，只要坚持党建引领，坚定政治信仰，把习近平新时代中国特色社会主义思想贯彻到法律服务、决策管理、团队建设等全过程和律师事务所党建工作各方面，就一定能团结引领广大中小所律师党员紧密围绕在党组织周围，在司法行政主管部门和行业协会的支持下，不断提升中小所律师队伍的政治素养、管理意识和服务能力，夯实基层基础。①

二、提升中小律师事务所的党建工作水平的外部举措

在这方面，浙江省律师行业党委的做法值得借鉴：

一是“以强带弱”完善“联”的机制。依托业务能力好、党建工作强的律师事务所，按照“地域相邻、业务相近、规模适当、便于管理”要求，组建联合党支部，推动“小微所”党建学习活动常态化、规范化。

二是“合作共建”发挥“扶”的效能。创新区域内“结对共建”、区域间“结对帮扶”和行业间“党建联盟”等多种形式，提升党建和管理水平，并通过加强与其他行业在业务培训、社会服务、人才管理等方面的交流合作，推动党建工作与业务工作相互促进、共同发展。

三是“问题导向”写好“帮”的文章。对标问题清单，定期开展基层党建突出问题专项排查和集中整顿。选派政治素质硬、党务工作强的司法行政干部、律师行业党委班子成员前往中小律师事务所，尤其是无党员律师事务所，担任党建指导员、督导员，助力党建工作规范化、制度化。

四是“数字赋能”放大“领”的优势。建设律师行业智慧党建系统，完善“云上党校”“志愿服务”等功能，依托数据留痕、分析等功能，缩短管

① 浦东律师党委、浦东律师第一联合党总支：《紧抓党建为核心 不忘初心再奋斗——探索新时代上海中小型律所基层党建工作特色之路》，微信公众号“法治上海”2017年11月4日。

理半径，方便党员律师及时了解党务动态，实现支部“工作纪实、互动服务、考核评价、结果应用”全程闭环管理，更好地发挥党建统领作用。[①]

案例四：浙江省律师行业党委会同浙江省律师协会落实中小律师事务所发展帮扶，积极争取各地党委政府部门支持，出台扶持律师行业尤其是中小律师事务所发展的政策。

宁波市推出帮助中小律师事务所争取中小企业等优惠扶持政策，引进的高校法学毕业生和优秀法律人才可享受高校毕业生就业创业相应政策和人才优惠政策；台州市积极与有关部门沟通，为中小律师事务所落实社保和税收减免，将律师事务所纳入企事业单位优惠扶持政策范畴，将律师人才纳入现代服务业人才培养计划；杭州市桐庐县出台意见，对年业务收入达800万元以上的律师事务所、获得省级以上荣誉称号的律师事务所给予不同梯次的奖励。

推动中小律师事务所整体跃升，围绕“党建强、发展强、服务强，政治引领力和法律服务能力并进”，构建“三强双进”律师事务所党组织考核细则，围绕政治建设、组织建设等11个项目，明确先进党组织的52项标准，实行量化赋分，推动浙江省中小律师事务所对标对表，创先争优。结合浙江省26强律师事务所与26个加快发展地区结对帮扶行动，推动“三强双进”党组织“一带一”结对后进党组织，更好发挥“抓先帮后促中间”导向作用，促进党建水平整体提升。

加强党建品牌建设，坚持以党建促进所建，将律师事务所党建工作与创新发展有机融合，探索出一条以党建品牌为引领的律师事务所党建工作新路子。通过总结提炼党建工作经验做法，形成特有党建品牌，通过品牌效益凝聚律师人心，提升行业美誉度，形成以律师事务所党建品牌提升律师专业素

① 《“联扶帮领”赋能中小律师事务所党建提档升级》，载浙江省司法厅：https://sft.zj.gov.cn/art/2022/4/18/art_1659557_58934808.html，最后访问时间2024年3月28日。

质、以律师专业素质打响律师事务所品牌的良性循环。

鉴于杭州市专兼职律师队伍占浙江全省40%以上的实际，2022年，杭州市律师行业党委出台加强和改进联合党支部建设的指导意见，实施三项制度，即“轮值制度”。要求联合党支部覆盖律师事务所每年承担一次以上党建轮值任务，实现牵头所与覆盖所党建、发展“双融合”；“双扩大会议”制度明确非党员律师事务所负责人列席联合党支部支委扩大会议、非合伙人党员律师列席本所合伙人扩大会议，实现党的领导和律师事务所行政管理“双统一”。“联席会议”制度规定每年至少召开一次律师事务所负责人联席会议，增强联合党支部在律师事务所管理方面的决定性作用，实现党建引领和律师事务所内部管理“双提升”。[①]

第二节　推动中小律师事务所支部建设规范化

中小律师事务所由于党员人数少，各项党建工作不够规范具有一定的普遍性，因此有必要予以示范引导，不断提升党建工作规范化建设水平。

一、联合党支部工作示范

（一）组织设置

1.正式党员不足3名，不具备成立独立党支部条件的律师事务所，应当成立联合党支部。联合党支部是在规模较小的合伙律师事务所和个人律师事务

① 浙江省律师行业党委：《强化党建引领 铸魂律师行业——浙江打造中小律所党建工作新模式》，载《中国律师》2023年第3期。

所实现党的组织和工作覆盖的主要形式。

2.由律师行业党组织（或司法行政机关）牵头，按照“以大带小”“以强带弱”的原则，经属地上级党组织部门同意后，组织选派适宜的规模大所或党建强所作为主要责任主体，与规模较小的律师事务所共同组建一个联合党支部。

3.对于有的区域律师事务所数量较少、规模较小或者因其他原因不宜采取“以大带小”或“以强带弱”形式组建的，行业党组织可按照地域相邻、规模适当、便于管理的原则，以工作实效为导向，科学合理组建联合党支部；也可以当地律师协会（或司法行政机关）为主体，与律师事务所组建联合党支部。

4.联合党支部所覆盖的律师事务所数量，一般不超过5家。

5.除上级党组织选派的规模大所或党建强所以外，联合党支部所覆盖的律师事务所具备设立独立党支部条件的，应当及时报经上级党组织批准，设立独立党支部。

（二）联合党支部委员会建设

1.联合党支部委员会由党支部党员大会按照《中国共产党章程》《中国共产党支部工作条例（试行）》《中国共产党基层组织选举工作条例》的规定选举产生。联合党支部委员会建设，应当积极贯彻“双向进入、交叉任职”的要求。

2.正式党员7人以上的联合党支部，应当设立党支部委员会。党支部委员会设书记和组织委员、宣传委员、纪检委员等，必要时可以设1名副书记。正式党员不足7人的，可以不设党支部委员会，设1名书记，必要时还可以设1名副书记或委员。

3.党支部委员会由党支部党员大会选举产生，党支部书记、副书记一般由党支部委员会会议选举产生，不设委员会的党支部书记、副书记由党支部党员大会选举产生。选出的党支部委员，报上级党组织备案；党支部书记、副书记，报上级党组织批准。党支部书记、副书记、委员出现空缺，应当及时进行补选。确有必要时，上级党组织可以指派党支部书记或者副书记。

4.党支部委员会每届任期3年，任期届满应按期进行换届选举，如需延期或提前换届，须报上级党组织批准，延长或者提前期限一般不超过一年。

5.换届选举前，党支部委员会应当按照德才兼备、以德为先和班子结构合理的原则，根据多数党员的意见提出下届委员人选，报上级党组织审查同意后，组织党员确定候选人，在党员大会上进行选举。

6.联合党支部所覆盖律师事务所的负责人、合伙人或者骨干律师是党员的，一般应当作为委员候选人。委员候选人的差额不少于应选人数的20%。

7.联合党支部书记、副书记的产生，由上届委员会提出候选人，报上级党组织审查同意后，在新一届委员会全体会议上进行选举。不设委员会的党支部书记、副书记的产生，由全体党员充分酝酿，提出候选人，报上级党组织审查同意后进行选举。

8.按照“以大带小”“以强带弱”原则组建的联合党支部，规模大所或党建强所的负责人是党员的，一般应当作为联合党支部书记候选人。规模大所或党建强所的负责人不是党员或者因其他原因不适宜担任联合党支部书记的，一般应当由一名主要合伙人作为联合党支部书记候选人。

9.按照其他方式组建的联合党支部，应当综合考虑政治素质、业务能力、职业道德素养等因素，选优配强联合党支部书记。书记候选人应当优先考虑所覆盖律师事务所的党员负责人或者党员合伙人。

10.联合党支部委员会书记、副书记、委员的选举，按照《中国共产党基层组织选举工作条例》的规定进行。

11.联合党支部书记主持党支部全面工作，督促其他委员履行职责、发挥作用，抓好党支部委员会自身建设，向党支部委员会、党员大会和上级党组织报告工作。党支部副书记协助党支部书记开展工作。党支部其他委员按照职责分工开展工作。

（三）工作职责

联合党支部应当切实发挥党的政治优势、组织优势、密切联系群众优势，担负起直接教育党员、管理党员、监督党员和组织群众、宣传群众、凝聚群众、服务群众的职责，重点做好以下几项工作：

1. 把握正确政治方向。坚持以习近平新时代中国特色社会主义思想为指导，深入贯彻落实习近平法治思想和习近平总书记对律师工作的重要指示批示精神，宣传和贯彻落实党的理论和路线方针政策，弘扬伟大建党精神，教育引导律师深刻领悟“两个确立”的决定性意义，不断增强“四个意识”、坚定“四个自信”、做到“两个维护”，提高政治判断力、政治领悟力、政治执行力，自觉拥护中国共产党领导，拥护中国特色社会主义法治，坚定不移走中国特色社会主义法治道路，坚持中国特色社会主义法治工作者定位和人民律师为人民理念，始终保持正确的政治方向。

2. 落实上级工作部署。及时组织所覆盖律师事务所和律师传达学习、贯彻执行党中央、各级党委政府及司法行政机关、律师行业党委有关工作要求和部署，做好思想政治工作和意识形态工作，及时向上级党组织请示报告重要工作和重要情况。

3. 加强律师队伍建设。对党员律师进行教育、管理、监督和服务，与所覆盖律师事务所管理层共同做好律师队伍建设工作，不断提高律师的政治素质、业务能力和职业道德素养，引导和监督所覆盖律师事务所和律师依法诚信规范执业，做党和人民满意的好律师。做好经常性的发展党员工作，注重在骨干律师、青年律师中发展党员。做好党风廉政建设工作，维护和执行党的纪律，监督党员切实履行义务，保障党员的权利不受侵犯。

4. 推动律师事务所事业发展。帮助所覆盖律师事务所健全章程和主要管理制度，坚持用社会主义核心价值观引领律师事务所文化建设，引导和支持律师事务所有序参与基层社会治理、提供法律援助和公益法律服务、承担社会责任。团结凝聚群众，教育引导律师增强政治认同、思想认同、理论认同、情感认同，激发工作热情和主人翁意识，汇聚推动律师事务所发展的正能量。

5.建设先进文化。坚持用社会主义核心价值观引领律师事务所文化建设，组织丰富多彩的文化活动，营造积极向上的文化氛围，教育党员群众自觉抵制不良倾向。

6.服务人才成长。关心关爱人才，主动帮助引导，不断提高从业人员的思想和业务素质，支持和保障各类人才干事创业。

7.加强支部自身建设。健全联合党支部工作机制，严格执行“三会一课”等组织生活制度，结合律师工作特点创新开展组织活动，切实提高党组织的吸引力和凝聚力，推动党的组织和工作实现有效覆盖。做好党费收缴、使用和管理工作。联合党支部书记所在的律师事务所，是履行联合党支部职责的牵头律师事务所；联合党支部覆盖的其他律师事务所，也要承担相应的工作职责，确保党建工作有人干、有人负责。

（四）政治引领

联合党支部要强化政治功能，加强思想政治引领，教育引导律师增强政治认同，筑牢理想信念根基，积极投身全面依法治国和社会主义现代化国家建设新征程。

1.联合党支部要组织党员律师全面学习贯彻习近平新时代中国特色社会主义思想特别是习近平法治思想，跟进学习习近平总书记重要讲话和重要指示批示精神，学习党的理论和路线方针政策决议，学习党章党规党纪和国家法律法规，学习司法行政机关和律师行业党委对律师工作的决策部署，把握律师事务所正确政治方向。

2.联合党支部书记要加强对政治学习的指导和监督，认真拟定学习计划，确定学习内容，提出基本要求，做好考勤记录。注重以小型、灵活、务实的方式开展政治理论学习，通过线上方式组织会议和开展学习，增强创新性实效性，积极动员所覆盖律师事务所的非中共党员负责人、合伙人和律师参加学习。

3.联合党支部要督促所覆盖律师事务所落实“党建进章程”工作要求，在章程中明确党组织在律师事务所发展管理和律师队伍建设中的政治把关作用，在章程或主要管理制度中为联合党支部开展工作提供相应制度支持，保证联合党支部的战斗堡垒作用得到有效发挥。

4.联合党支部具备条件的，应当参照《律师事务所党组织参与决策管理工作指引（试行）》有关要求，在政治学习、政治把关、决策会商、人才培养、文化建设等方面建立健全党支部参与律师事务所决策管理的工作机制。

5.联合党支部要履行政治监督职责，发现所覆盖律师事务所或者律师有下列情形的，党支部书记应当及时采取有效措施，通过与律师事务所负责人及当事律师谈心谈话、与律师事务所管理层会商研究、向上级党组织报告等方式，对问题或隐患早发现、早提醒、早纠正：

（1）律师事务所作出的决议决定违背党的路线方针政策，或者与司法行政机关、律师协会工作部署、工作要求不一致的；

（2）律师事务所章程或者主要管理制度不健全、不完善的；

（3）律师事务所办理重大疑难案件不规范，可能产生不良社会影响的；

（4）律师执业存在违法违规行为、律师事务所怠于教育管理的；

（5）其他应予纠正的情形。

6.联合党支部要落实意识形态工作责任制，及时掌握律师思想状况，引导律师坚决反对和抵制各种错误观点和错误倾向，有效防范政治风险。重大问题、重要事项及时向所属律师行业党委请示报告。

（五）队伍建设

联合党支部要坚持以党建带队建促发展，注重结合律师工作特点和实际，树立问题导向、目标导向、效果导向，将党组织功能作用体现在加强律师队伍建设、促进律师事务所发展的具体实践上，提高党建工作的质量和效果。

1.建立健全“双向培养”机制，注重把党员律师培养成业务骨干、合伙人，把业务骨干、合伙人培养成党员律师。

2.以联合党支部为纽带，积极整合所覆盖各律师事务所工作力量，开展以帮思想进步、帮素质提升、带业务发展为主要内容的“两帮一带”活动，让年轻律师感受到组织的温暖和关怀。

3.主动为党员律师搭建成长进步的平台，通过业务研讨、素质拓展、志愿服务、文化建设等途径，有效提升党员律师能力素养，不断增强党组织对优秀青年律师的吸引力、感召力，注重发展政治素质好、业务能力强、群众基础好的律师加入党员队伍，切实提升律师事务所律师队伍建设质量。

4.切实做好党员组织档案管理和“隐形党员”“口袋党员”排查工作，严格党员组织关系接转，对于党组织关系暂时未转入但能够参加组织生活的党员律师，要及时督促其办理组织关系接转，确保所有党员律师纳入党组织教育管理体系。党组织关系暂时未转入律师事务所的专职律师及兼职党员律师，应当参加所在律师事务所党支部活动。

5.坚持服务大局、服务群众，组织引导广大律师特别是党员律师积极参与重大工程、重点项目，为实施国家重大发展战略提供优质高效的法律服务；积极开展民生领域法律服务，做好公益法律服务、法律援助工作；积极参与预防化解社会矛盾纠纷、促进基层社会治理，充分发挥律师在推动经济社会发展、服务保障改善民生、维护社会和谐稳定、推进全面依法治国中的重要作用。

（六）组织生活

联合党支部应当严格执行党的组织生活制度，积极推进党支部标准化规范化建设，结合律师工作特点，完善工作制度，提升组织能力，落实基本保障，增强生机活力。

1.落实“三会一课”制度。设立党支部委员会的联合党支部要认真落实

"三会一课"制度，不设支委会的联合党支部要把党支部党员大会作为落实"三会一课"的主要形式。

（1）党支部党员大会每季度至少召开一次，因工作需要可随时召开。党支部党员大会应做到议题明确、中心突出，会前应将会议内容、要求、议程、时间等通知全体党员，做好充分准备，党员大会需做出决议时，应在充分讨论的基础上，按少数服从多数的原则进行表决。主要内容是：

①传达学习上级党组织的有关文件、决议、批示；

②讨论通过党支部工作计划和工作报告；

③选举党支部委员会和出席党的上级代表大会、代表会议的代表；

④讨论决定发展新党员、预备党员转正、党员的奖励和处分；

⑤讨论决定应当由党支部党员大会审议的其他重要事项。

（2）设立党支部委员会的联合党支部要按要求召开支部委员会会议，支委会每个月召开一次，根据工作需要可随时召开。会议的主要内容是：研究讨论贯彻上级党组织的指示和决议，分析党员的思想状况，研究支部工作计划、工作报告和党员教育、思想政治工作，以及支部建设、组织发展、党员奖励和其他需要支委会讨论的重要事项。

（3）联合党支部一般不划分党小组，有特殊情况需要划分党小组的，每月至少召开一次党小组会。会议的主要内容是：

①组织党员学习；

②研究贯彻执行支部决议和各项工作任务；

③党员汇报思想和工作情况；

④讨论选举和发展党员工作；

⑤讨论评选优秀党员和对党员的处分等事项。

（4）党课每季度安排一次，党课的主要内容：马列主义基本理论、毛泽东思想、邓小平理论、"三个代表"重要思想、科学发展观、习近平新时代中国特色社会主义思想特别是习近平法治思想学习教育；党的理想、宗旨、纪律、优良传统和党的基本知识教育；全面建设社会主义现代化国家的新形势新任务新要求；全面依法治国理论与实践；等等。党支部书记每年至少带头讲一次党课。

2.积极开展主题党日活动。原则上，每月固定一天开展主题党日活动，如遇节假日或其他特殊情况可以顺延一周。确实存在困难的，可以向上级党组织申请另外确定时间开展。

联合党支部的主题党日活动应当更具灵活性、时效性，可以围绕律师关心的社会问题、热点问题，组织大家讨论，求得正确的认识；可以组织党员通过参观革命传统教育基地、观影观展等形式开展红色践学活动，传承红色基因，坚定初心使命；可以结合形势经常开展有利于展现共产党员风貌、发挥党员先锋模范作用的主题实践活动。还可以请行业内领导、专家作形势政策、光荣传统、业务知识、律师实务等讲座，使党的组织生活内容丰富、形式多样、有效有益，具有教育性和感染力。主题党日活动后，应及时按照有计划（方案）、有签到、有学习或活动资料、有相关信息简报（含图片）等“四有”要求，完善工作纪实资料。

3.召开组织生活会。联合党支部每年至少召开1次组织生活会，一般安排在第四季度，根据党员人数采取合理形式召开，党员人数较少的，可以党员大会形式召开。组织生活会的内容包括组织学习、征求意见、交换意见、开展批评与自我批评、整改落实等内容。组织生活会要有专人记录。组织生活会后15天内，将组织生活会的综合情况报告等有关材料报上级党组织。

4.开展民主评议党员。民主评议党员每年一次，一般安排在年终进行，可与组织生活会一并进行。民主评议的对象为支部全体党员，评议时召集全体党员或部分群众代表参加。评议分为优秀、合格、基本合格和不合格四个等次。评议结果在向上级党组织报告的同时要通报本人。对存在问题较多的党员，指定专人做好耐心细致的思想政治工作，促其转化。对不合格党员，根据具体情况和本人态度，采取限期改正、劝退和除名等方式予以处置。

5.落实谈心谈话制度。联合党支部应当经常组织开展谈心谈话。党支部委员之间、党支部委员和党员之间、党员和党员之间，每年谈心谈话一般不少于1次。谈心谈话应当坦诚相见、交流思想、交换意见、帮助提高。对家庭发生重大变故和出现重大困难、身心健康存在突出问题等情况的党员，党支部书记应当帮助做好心理疏导；对受到处分处置的党员，党支部书记应当有针对性地做好思想政治工作；当党员出现苗头性、倾向性的问题时，党支部书记应及时提醒，抓早抓小。

6.联合党支部开展组织生活要积极改进组织生活的形式，可结合自身工作实际，在符合规定的频次、内容的基础上，党支部书记要创新思维、认真研究探索，每个党员也应当积极关心，多提建议。改进组织生活的形式一般应把握几个原则：一是形式要服务于内容；二是要从实际出发，不搞形式主义；三是要富有感染力、吸引力，为广大党员喜闻乐见；四是要有利于提高组织生活的质量。

（七）工作方法

联合党支部要勇于开拓创新，积极探索实践，着力破解“联而不合”“联而不活”的问题，切实提高党组织的吸引力和凝聚力，发挥战斗堡垒作用，推动党的组织和工作从有形覆盖向有效覆盖转变。

1.加强帮带有效性。通过“以大带小”“以强带弱”方式组建联合党支部的，要进一步压实帮带责任，大所、强所要主动建立党建工作阵地，按照大所为主、小所为辅的原则建立党建经费保障机制，设立帮带任务和帮带目标，加强对“以大带小”“以强带弱”的督促指导，切实发挥帮带作用。无法通过“以大带小”“以强带弱”方式组建联合党支部的，属地司法行政机关、律师协会要积极发挥作用，选派专人负责联合党支部建设，也可以通过选聘党建辅导员的方式，协助联合党支部开展党建工作。

2.提高学习针对性。针对联合党支部党员律师相对分散、组织集体学习比较困难的现状，要积极开展线上学习，用好“学习强国”等线上学习平台，开展“党建早餐”“每日分享”等学习内容，以线上学习激发线下活力，增强联合党支部的组织黏性。整合一批小而精的党建学习素材，依托党建微课堂、短视频、订阅号等平台，学习宣传中央大政方针、党的历史、党务知识、时政要闻等内容，不断增强学习实效。

3.增强活动创新性。行业党委、律师协会要发挥桥梁纽带作用，把属地联合党支部聚合起来，多开设面向联合党支部的培训教育，多依托联合党支部开展服务活动，在法律服务实践中践行宗旨、增强本领，更好发挥党建带队建促发展的积极作用。许多联合党支部覆盖的律师事务所开设在居民社区中，具有贴近群众、便于组织的特点，要引导律师事务所主动融入社区和群众，组织中小律师事务所党员律师在居民调解、法治宣传、公益服务等方面发挥专业优势，积极参与社区卫生、环保、扶老、疫情防控等工作，在服务群众的具体实践中促进业务发展。

4.注重工作科学性。探索联合党支部覆盖律师事务所轮值牵头机制，明确党建工作责任，律师事务所负责人应当主动配合开展党建活动，及时向党组织报告本所党员律师思想和工作情况，行业党委可视情给予牵头律师事务所一定补贴和工作指导。有条件的地方可以探索建立统一的党建服务中心，选派专人负责，集中辖区联合党支部党员，组织开展学习教育、党建联建、志愿服务等，协助律师事务所做好党员管理工作。①

二、中小律师事务所党建工作指导员工作示范

（一）党建工作指导员选派

党建工作指导员是指受律师行业或基层司法行政机关党组织选派，指导

① 全国律协发布的《律师行业联合党支部工作示范指引（试行）》。

无党员律师的律师事务所开展党建工作的党务工作人员。

1.担任党建工作指导员应具备以下条件：

（1）5年以上党龄的中共正式党员；

（2）政治素质好，党性意识强，作风过硬；

（3）业务能力强，具有一定的政策理论水平和较丰富的党建工作经验，具备律师行业或律师事务所管理工作经验，组织协调能力较强，擅长从事群众工作；

（4）具有较强的工作责任感，热心参与律师行业党建工作，廉洁奉公，乐于奉献，工作务实；

（5）未受过党纪处分、行政处罚或行业惩戒。

2.按照上述条件，由各级律师行业党组织提出党建工作指导员人选，报同级司法行政机关审核同意后开展工作（县市区无党员律师事务所也可由同级司法行政机关直接指派）。党建工作指导员可以从司法行政机关在职或退休干部，律师协会会长、监事长、副会长、副监事长、常务理事、理事、监事和专门委员会、专业委员会委员，律师协会秘书处工作人员以及较大律师事务所的党员中择优选派。

3.党建工作指导员由派出的党组织负责管理，指导其开展相关工作。党建工作指导员不是派驻律师事务所的员工，不参加具体业务活动。

4.每名党建工作指导员负责联系指导的律师事务所原则上不超过5家，区域相邻、就近就便的可适当增加数量。

（二）党建工作指导员职责任务

党建工作指导员要坚持政治统领、党建引领，坚持抓党建带队建促发展，按照工作分工深入无党员律师事务所开展党建工作，当好政策理论的“宣传员”、党建工作的“组织员”、律师事务所发展的“引导员”，把好律师事务所发展和律师队伍建设的正确政治方向。党建工作指导员的主要职责和任务是：

1.引导律师事务所和律师深刻领悟“两个确立”的决定性意义，增强“四个意识”、坚定“四个自信”、做到“两个维护”，提高政治判断力、政治领悟力、政治执行力，自觉拥护中国共产党领导，拥护中国特色社会主义法治，始终坚持正确政治方向。

2.指导律师事务所和律师全面贯彻习近平新时代中国特色社会主义思想，深入学习贯彻习近平法治思想，宣传贯彻党的路线方针政策，落实司法行政机关、律师行业党委有关工作部署，坚持中国特色社会主义法治工作者定位和人民律师为人民理念，坚定不移走中国特色社会主义法治道路。

3.加强与律师事务所负责人、合伙人的思想交流，讲清无党员律师事务所开展党建工作的重要性和必要性，提高律师事务所负责人、合伙人与党员律师及其他员工的政治觉悟，强化政治认同、思想认同、理论认同、情感认同，支持党建工作。

4.积极探索、总结推广在无党员律师事务所发展党员、开展党的活动的新途径、新办法、新经验，做好入党积极分子培养和发展党员工作，积极摸排“口袋党员”，提醒新转入党员律师接转组织关系，为律师事务所建立党组织打好基础。

5.广泛听取律师事务所管理层和律师及其他工作人员的意愿和心声，全面掌握思想动态，发现问题及时向上级党组织报告，指导推动律师事务所开展统一战线与“双拥”工作，建立和完善工青妇等群团组织，以党建带群建，以群建促党建。

6.指导律师事务所完善章程和主要管理制度，列席律师事务所重要会议，促进律师事务所加强管理和规范执业，为律师事务所发展和律师执业能力提升搭建平台，引导律师事务所和律师积极履行社会责任，做党和人民满意的好律师。

7.完成上级党组织交办的其他工作。

（三）党建工作指导员工作方法

党建工作指导员要坚持问题导向、目标导向、效果导向，坚持指导与服务相结合，通过实地走访、座谈调研、讲课辅导、谈心谈话和参加律师事务所有关活动等方式开展工作，传达上级党组织党建工作要求，掌握律师事务所党建工作情况，引导律师事务所和律师依法规范诚信执业。

1.建立联络机制。受联系指导的律师事务所应当指定一名党建联络员，对接和协助党建工作指导员开展工作。一般情况下，其负责人应当是该律师事务所党建工作联络员；律师事务所负责人不适宜担任党建工作联络员的，应当指定一名资深合伙人或管理层律师担任。

党建工作指导员和党建工作联络员要保持经常性沟通联系。党建工作指导员要及时传达上级党组织文件精神和党建工作要求，指导无党员律师事务所制订政治理论学习计划，落实相关工作要求；党建工作联络员要主动向党建工作指导员汇报本所组织开展政治理论学习和落实党建工作要求的有关情况。

2.开展实地指导。党建工作指导员要以实地指导为主，结合远程、线上等方式开展相关工作。一般情况下，党建工作指导员每2个月实地走访联系指导律师事务所不少于1次，采取其他方式指导工作每月不少于1次，党建工作指导员开展实地指导按以下程序进行：

（1）事先沟通。结合律师事务所实际情况，提前联系协调并确定好时间、地点、内容和对象。

（2）事前准备。充分掌握和学习领会相关政策精神，认真准备有关文件材料。

（3）发出通知。根据工作安排，把时间、地点和内容告知参会人员。

（4）组织工作。引导参会人员围绕议题开展讨论，充分发表自己意见，做好会议记录；座谈或授课时宣读律师行业党建工作的有关文件，下发和指导填写相关调查问卷。

（5）提出要求。与律师事务所负责人及时沟通和交换意见，提出律师事务所下一步党建工作意见建议。

（6）整理记录。及时做好党务工作日志记录，梳理归档。

（7）形成报告。认真撰写和提交阶段性情况汇报。

3.进行谈心谈话。党建工作指导员要根据工作需要，通过实地走访、电话、微信等方式，与联系指导律师事务所的律师进行沟通和交流，了解其思想动态和工作生活情况，帮助解决困难问题，积极引导律师事务所主要负责人、骨干律师向党组织靠拢。与律师事务所负责人开展谈心谈话时，要从政治把关角度对律师事务所管理提出意见建议，引导其将党建工作与律师事务所管理有机结合，并帮助协调解决律师事务所发展存在的实际困难和问题。

4.搭建发展平台。在开展日常沟通、实地指导等工作时，党建工作指导员要了解联系指导的律师事务所章程和主要管理制度建设情况，指导律师事务所健全完善管理制度，并从政治引领、政治把关的角度就律师管理、律师事务所发展等问题结合自身经验提供意见建议，加强律师事务所规范化建设。主动牵线搭桥，为无党员律师事务所及律师参加行业党组织或行业协会活动、与党建强所联建共建、提供公益法律服务等搭建平台，提升无党员律师事务所律师的政治觉悟和政治能力，强化其对党组织的政治认同、思想认同、理论认同、情感认同，激发参与党建工作的积极性与自觉性，推动律师事务所健康发展。

（四）建设高素质党建工作指导员队伍

1.各级律师行业党组织要加强对党建工作指导员的组织领导和工作指导。严格把好入口关，认真挑选懂党建、懂行业、肯干事的优秀人才。综合考虑多方面因素，科学合理调配工作力量。每半年召开一次党建工作指导员工作会议，听取工作开展情况，交流经验做法，解决实际问题，部署下一步工作。

2.定期举办党建工作指导员培训班，组织对党建工作指导员进行党务理论和实务培训，编发或购买党建工作资料，提高党建工作指导员的基层党建工作水平和业务能力。

3. 各级行业党委、无党员律师事务所应当结合实际为党建工作指导员开展工作提供必要的条件和保障。党建工作指导员要严肃工作纪律，不得在工作中索要钱物或报销应由个人承担的各种费用，不得以任何形式影响律师事务所正常业务活动，严禁参与有损于党建工作指导员形象的活动。

4. 做好党建工作指导员的检查考核，主要包括：工作记录；工作实绩（包括新增申请入党人数、培养入党积极分子数、发展新党员数和指导建立党组织数等）；受联系指导律师事务所负责人、合伙人和群众对党建工作指导员的评价和认可程度；党建工作指导员对律师行业党建工作的意见建议；党建指导工作方式方法创新和经验总结等。每次检查工作的具体内容、方式和时间由律师行业党组织根据不同阶段实际情况和要求提出。

5. 建立党建工作指导员激励机制。律师行业党组织要积极宣传表彰工作认真负责、业绩突出的党建工作指导员，优先考虑推荐其参加律师行业各类表彰或业务活动。加大党建工作指导员宣传力度，收集汇编党建工作指导员相关材料，大力宣传党建工作指导员的工作成效和经验，培树先进典型，充分发挥示范引领作用。①

① 全国律协发布的《律师行业联合党支部工作示范指引（试行）》。

后　记

南芳所的党建工作经过30年的探索，得到了全国律师行业的高度认可。南芳所的党建工作符合中国律师事业发展正确的政治方向，抓住了根本，抓住了灵魂。作为全国律师行业党建工作的先行者，南芳所体现了党建对律师工作的全统领，建立了比较完备的党建工作制度体系。南芳所在这方面积极探索，力争对其他律师事务所的发展起到启示作用。南芳所是律师党建的创新者，取得了党建群建所建、党务所务业务融合发展，履行社会责任与服务大局并举，社会形象提升的良好效果，探索总结了宝贵的党建实践经验。目前全国大多数律师所，党建还处在摸索阶段，南芳所有现成的经验、规范的做法，可以提供一些借鉴和参考。

本书的编撰得到了省市相关部门与专家教授的大力支持与指导。

2019年12月，在赣州市委政法委召开了第一次该书的论证会。赣州市委有关领导同志，赣南师范大学马克思主义学院程东旺教授，江西理工大学王勇教授，赣州市委党校袁芳副教授等参加论证会。

2020年4月，在江西省律师协会召开第二次论证会。江西省委组织部有关领导同志，中共江西省委党校教授卢文华等参加论证会。

2020年5月，启动对该书的报审等工作，召开会议进行专题研究。7月，省司法厅宣传培训处反馈了对该书的若干建议。

2022年6月，中共赣州市委组织部拨款印刷《新时代中国特色社会主义律师行业党的建设南芳路径探索》一书，并将其作为全市社会组织党组织的学习资料。

2023年6月，中国法制出版社约稿出版，并对该书提出修改建议。

2024年2月，赣州市章贡区委党校副校长钟世军、副校长张鼎盛、教师谢小玲对本书第一编的修改给予了大力支持。

对他们的热情指导与辛勤付出在此一并表示衷心的感谢！

廖泽方

2024年5月

:

图书在版编目 (CIP) 数据

新时代律所和律师党建工作 / 廖泽方编著. -- 北京:中国法制出版社，2024. 7

ISBN 978-7-5216-4415-9

Ⅰ. ①新… Ⅱ. ①廖… Ⅲ. ①中国共产党－律师事务所－党的建设－江西 Ⅳ. ①D267. 9

中国国家版本馆CIP数据核字（2024）第066149号

策划编辑：马 颖　　责任编辑：靳晓婷　　封面设计：周黎明

新时代律所和律师党建工作

XINSHIDAI LÜSUO HE LÜSHI DANGJIAN GONGZUO

编著 / 廖泽方

经销 / 新华书店

印刷 / 三河市紫恒印装有限公司

开本 / 710毫米 × 1000毫米 16开　　印张 / 12.25 字数 / 161千

版次 / 2024年7月第1版　　2024年7月第1次印刷

中国法制出版社出版

书号 ISBN 978-7-5216-4415-9　　定价：46.00元

北京市西城区西便门西里甲16号西便门办公区

邮政编码：100053　　传真：010-63141600

网址：http://www.zgfzs.com　　**编辑部电话：010-63141827**

市场营销部电话：010-63141612　　**印务部电话：010-63141606**

（如有印装质量问题，请与本社印务部联系。）